日本の少子化対策はなぜ失敗したのか？

結婚・出産が回避される本当の原因

山田昌弘

光文社新書

はじめに——「子どもにつらい思いをさせたくない」日本人

「奨学金を借りている人とはつきあうな」と言う母親

まず、私が家族を研究していて出合った次の2つのエピソードを見ていただきたい。

大学の講義で、毎年、学生に「どのような人とつきあいたいか」というアンケートを行なっている。一番多く出てくる答えは「話が合う人」だが、男性では「かわいい人」、女性では「優しい人」などに人気が集まる。

そんな回答の中に、「『奨学金を借りている人とつきあってはいけない』と母親に言われた」というものがあった。「結婚してから返済に苦労して大変だから」だそうだ。

つきあった人と将来結婚する可能性が高いというのも分かる。親が娘の将来を心配する気持ちも分かる。奨学金返済破産問題が世間を騒がせていた時期というのもあっただろう。

ただ、親が子の恋愛に関して、そこまで細かくアドバイスをする時代になったのかと感じた。

私も親が裕福でなかったので、学生時代、奨学金を借りていた。もし今なら、彼女との交際は断られるのかも知れない。

その話を、少子化の取材のためにやってきたある記者（大手出版社の正社員男性）にしてみた。すると、彼はうなずいただけではなく、「自分には結婚の約束をした恋人がいるが、２人とも奨学金の返済に苦労している。だから、話し合って、ある程度返すメドが立つまで結婚しないことにした。ましてや、借金がある中で、子どもなんて育てられない」と語っていた。

また、『読売新聞』のサイト「発言小町」の中では、彼女に奨学金を返済しているとの話をしたら婚約を破棄されそうになっている、どうしたらよいかという男性からの投稿もあった（２０１９年12月25日投稿）。

2つめ。私は、未婚者にインタビュー調査をするときには、必ず「どれくらいの年収の人と結婚したいか」という質問を入れることにしている。

もう20年ほど前の調査になるが（2003年ごろ）、ある30代の親同居未婚者（私のいうパラサイト・シングル）の女性に話をうかがっていた。彼女は、結婚相手には年収1000万円以上を求めると回答した。

「自分は専業主婦の母親に育てられ、ピアノを本格的に習い、音楽大学まで出してもらった。自分の子どもにも、それだけのお金をかけてあげたいから、夫の収入はそれくらいないと」と説明した。

彼女自身は、音楽関係の仕事に就くことはかなわず、非正規の事務職で働いていて、年収は200万円程度であった。

現代の若者・日本人が普通に持っている意識から、目をそらしていないか

私は、家族社会学・研究者を自称している。大学院に進学してから、かれこれ30年以上にわたって、日本の結婚難、少子化問題に取り組んできた。

今まで、家族や結婚に関して、理論分析や学説研究だけでなく、数多くの実態調査を行なってきている。統計データ分析や質問紙（アンケート）調査などの量的分析だけでなく、個人に対するインタビュー調査を行なって、未婚者の生の声をたくさん聞いてきた。

すると、**数値データだけでは見えてこないような、少子化の日本的特徴が浮かび上がってきた。**

冒頭に取り上げたケースのように「奨学金を返しながら結婚生活を送るのは不安」といった**将来生活の不安意識。**

「自分が育った以上の環境をこれから生まれる子どもにも与えたい」といった、**まだ生まれてもいない子どもへの愛情に関する意識**は、従来の少子化分析の枠組みでは、扱われてこなかった。

しかし、これらの「考え方」は、個々人が結婚や出産を決める際には、じつは「決定的」と言える要因になっているのではないだろうか。

たぶん、このような考え方は、30年以上前に20代だった今の中高年の人には理解しにくいかもしれない。

「月数万円の奨学金返済？　たいしたことないはず」「結婚したらなんとかやっていけるでしょう」だとか、「ピアノなんて習わせなくたって、子どもは育つ」「そんな高収入の人を待ってたって、現れっこない」などと言って、今の若者はぜいたくだと怒る人もいるかもしれない。

しかし、**結婚や子育てにあたってのこれらの問題は、現代社会を生きている若者にとっては切実なのだ。**たとえ月数万円の返済でも、子育てしていく家計に余裕がなくなるかもしれない。先にも述べたように、奨学金返済破産というニュースもある。

そんな状況に直面したとき、「結婚相手が奨学金さえ借りていなければ、楽しい生活ができたかもしれないのに」と後悔するかもしれない。子どもが「ピアノを習いに行きたい」「音大に行きたい」と言い出したとき、自分は親のお金で行くことができたのに、自分の子どもには「お金がないから行かせられないよ」と言うのはつらいと想像してしまう。

若者は、こんなことを考えながら、将来の結婚相手、だけでなく、つきあう相手も選んでいる。

適齢期の子を持つ親も同じである。

冒頭の親は、結婚後、娘にお金に関してつらい思いをさせたくないからこそ、お金に苦労するような相手との交際を避けるようにアドバイスしたのだ。

「子どもにつらい思いをさせたくない」――日本の少子化の背景には、このような意識があるのではないだろうか。

そして、こればかりでなく、現代日本人の多くが普通に持っている考え方が、少子化をもたらす大きな要因となっており、それらの意識を考慮に入れないでいることが、日本の少子化対策を失敗に導いているのではないだろうか。


本書の目的は、第一には、日本の少子化政策が的外れであった点を指摘するものである。

そして、その背後にある、日本社会を特徴付ける様々な制度・意識と、経済状況の変化が、少子化をもたらしていることを強調したいと思っている。

日本の少子化対策はなぜ失敗したのか？

——目次

第4章 「リスク回避」と「世間体重視」の日本社会 ——日本人特有の価値意識をさぐる—— 117

(1)「生涯にわたる生活設計」+「リスク回避意識」 120

第5章　日本で、有効な少子化対策はできるのか―――157

第1章　日本の少子化対策の失敗

（1）世界で「反面教師化」する日本の少子化対策

低出生率の長期化

日本では、平成に入って以来、合計特殊出生率1・6以下の状態が30年以上続いている（1・5以下としても25年である）。

合計特殊出生率（Total Fertility Rate。略してTFR）は、もともと人口学の専門用語だったのが、今では普通に使われる言葉になっている。「女性1人あたり一生の間に産む平均子ども数」の目安として使われる。

これが、2・07人を上回れば、人口は増大し、下回れば減少する。

つまり、ある国で、平均寿命が一定で、移民がないとすれば、女性が一生の間に、成人まで育つ女性を1人産めば、その社会の人口はほぼ一定に保たれることになる（1人の女性が

資料１　出生数、合計特殊出生率の年次推移

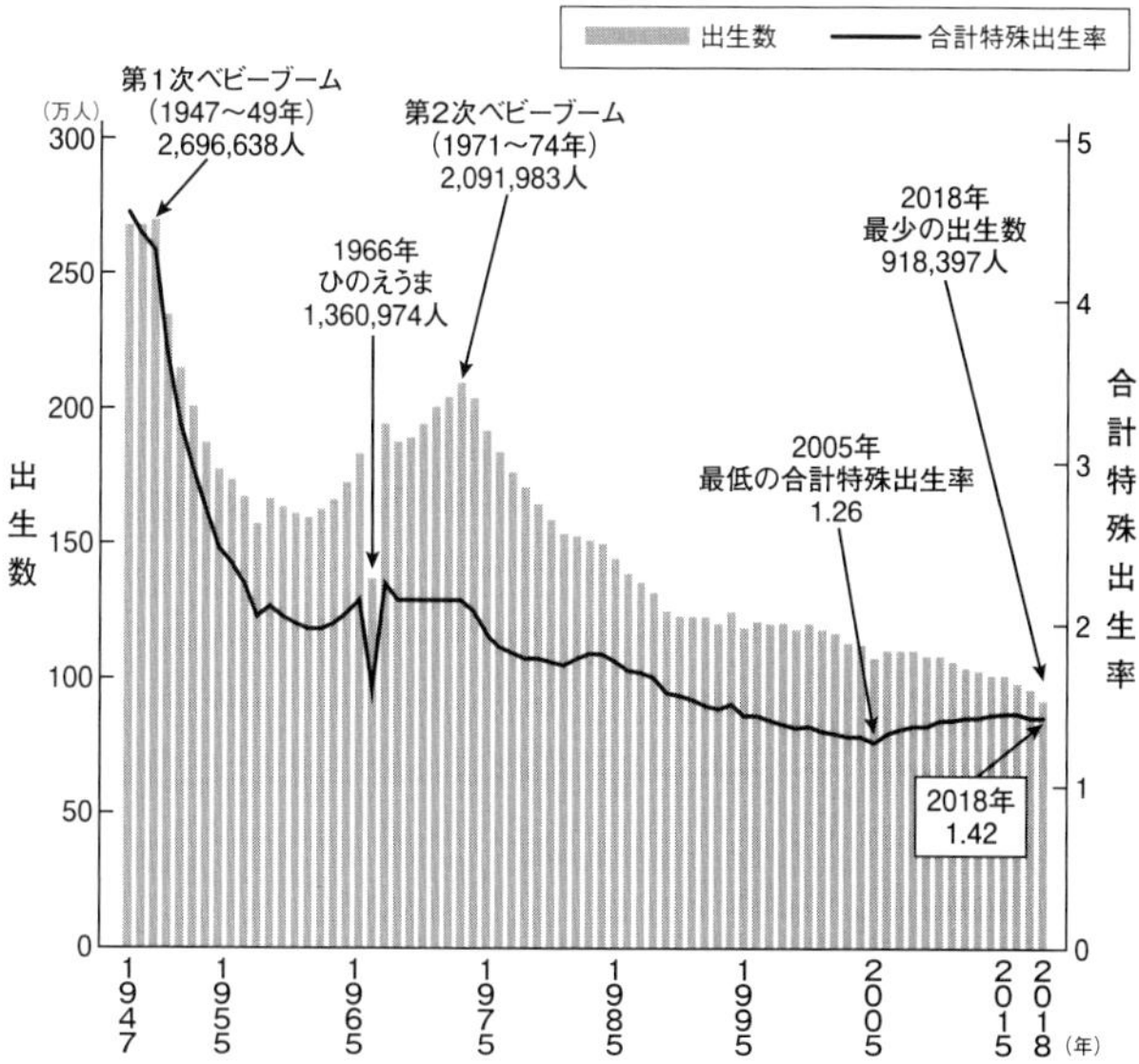

出典：厚生労働省『人口動態統計』（2018）

資料２　出生数、合計特殊出生率の推移（実数値）

	合計特殊出生率	出生数（人）		合計特殊出生率	出生数（人）
1950年	3.65	2,337,507	1990年	1.54	1,221,585
55年	2.37	1,730,692	95年	1.42	1,187,064
60年	2.00	1,606,041	2000年	1.36	1,190,547
65年	2.14	1,823,697	05年	1.26	1,062,530
70年	2.13	1,934,239	10年	1.39	1,071,375
75年	1.91	1,901,440	15年	1.45	1,005,721
80年	1.75	1,576,889	19年*	（1.42）	864,000
85年	1.76	1,431,577	（＊推計値。合計特殊出生率は 2018 年）		

（1973年までは沖縄を含まない）

厚生労働省『人口動態統計』より作成

資料3　日本の総人口の人口増減数及び人口増減率の推移(1950～2019年)

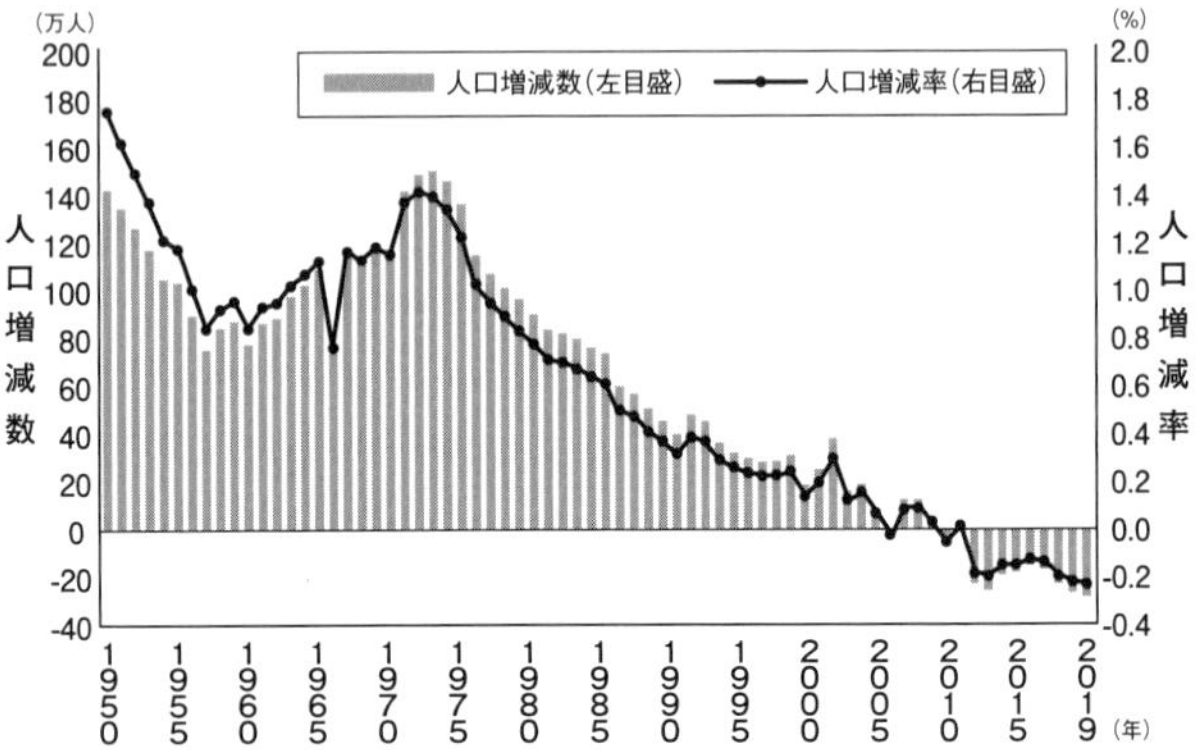

注)人口増減率は、前年10月から当年9月までの人口増減数を前年人口(期首人口)で除したもの。

出典：統計局ホームページ「人口推計」(2019年10月1日現在)
https://www.stat.go.jp/data/jinsui/2019np/index.html

一生に産む女児の平均数を「総再生産率」という）。この状態の人口を静止人口という。生物学的に、人類では男性の方が少し多く生まれる（女性1人に対して男性が約1・05人）ので、静止人口における合計特殊出生率は、2を少し超えた半端な数字になる。

その合計特殊出生率が、1・6を切った状態が30年続けば、人口は減少し、高齢化率も上昇する（**資料1**、**資料2**参照）。移民（国際移動）や長寿化の効果もあるので、実際に日本で人口減少が始まったのは、2008年頃と言われている（**資料3**参照）。

一世代の年齢差（親と子の平均年齢差）はだいたい30年である。合計特殊出生率の低下が深刻化しはじめたのが30年前（1990

年）なら、その時生まれた彼らが25歳になったのが２０１５年。子どもが少なくなっている世代が、すでに出産・子育て期に入っている。

そして、２０２０年４月現在（執筆時）でも回復の兆しは見えず、２０１８年は出生91万８千人、死亡１３６万２千人と、差し引き約44万４千人減少したわけである（移民の流出入の効果を除く）。

２０１９年は、推計値だが、出生86万４千人、死亡１３７万６千人、差し引き51万２千人減と、人口減少に拍車がかかっている（確定値発表は、２０２０年９月）。

２０１９年に生まれた子どもたちが出産適齢期になる30年後には、このままいけば、出生数は年60万人程度まで低下する（１９９０年以降は、30年前に生まれた人の数の「約７割」で推移しているのが、**資料２**より分かる）。

「反面教師」となる日本の少子化対策――能天気な国、日本？

私は、家族社会学者として、日本の少子化に関して、外国の研究者、政府関係者、ジャーナリストらからよくヒアリングを受ける。海外の学会や大学の研究会だけでなく、一般向けの講演会にも何度も招待され、日本の少子化の実態を話す機会が増えている。
最近は、欧米以上に、中国や韓国など、東アジア諸国からの引き合いが多い。少子化に関する多くの著作も、中国語（台湾含む）や韓国語に次々と翻訳されている。

欧米、特に北西ヨーロッパの研究者やジャーナリストからは、「なぜ、日本政府は、少子化対策をしてこなかったのか」という質問が出てくる。

たしかにフランス、そして、スウェーデンなどの北欧諸国は、1980年頃、出生率が2を大きく割り込み、1・6程度まで低下した。しかし、それ以降、政府の少子化対策が進み、多少の上下はあるものの、2015年には、出生率は1・92（フランス）、1・85（スウェーデン）まで回復している。

一方、ドイツやスペインは、日本並みの低出生率が続いているが、大量の移民を受け入れており、人口減少には至っていない（イタリアは2016年から、人口減少が始まっている）。

ただ、EUという大きな枠組みがあるので、労働力という点では、人口問題は大きな比重を占めない。EU内では労働の移動は自由なので、労働力が不足すれば他の国から入ってく

資料4　欧米諸国の出生率の推移

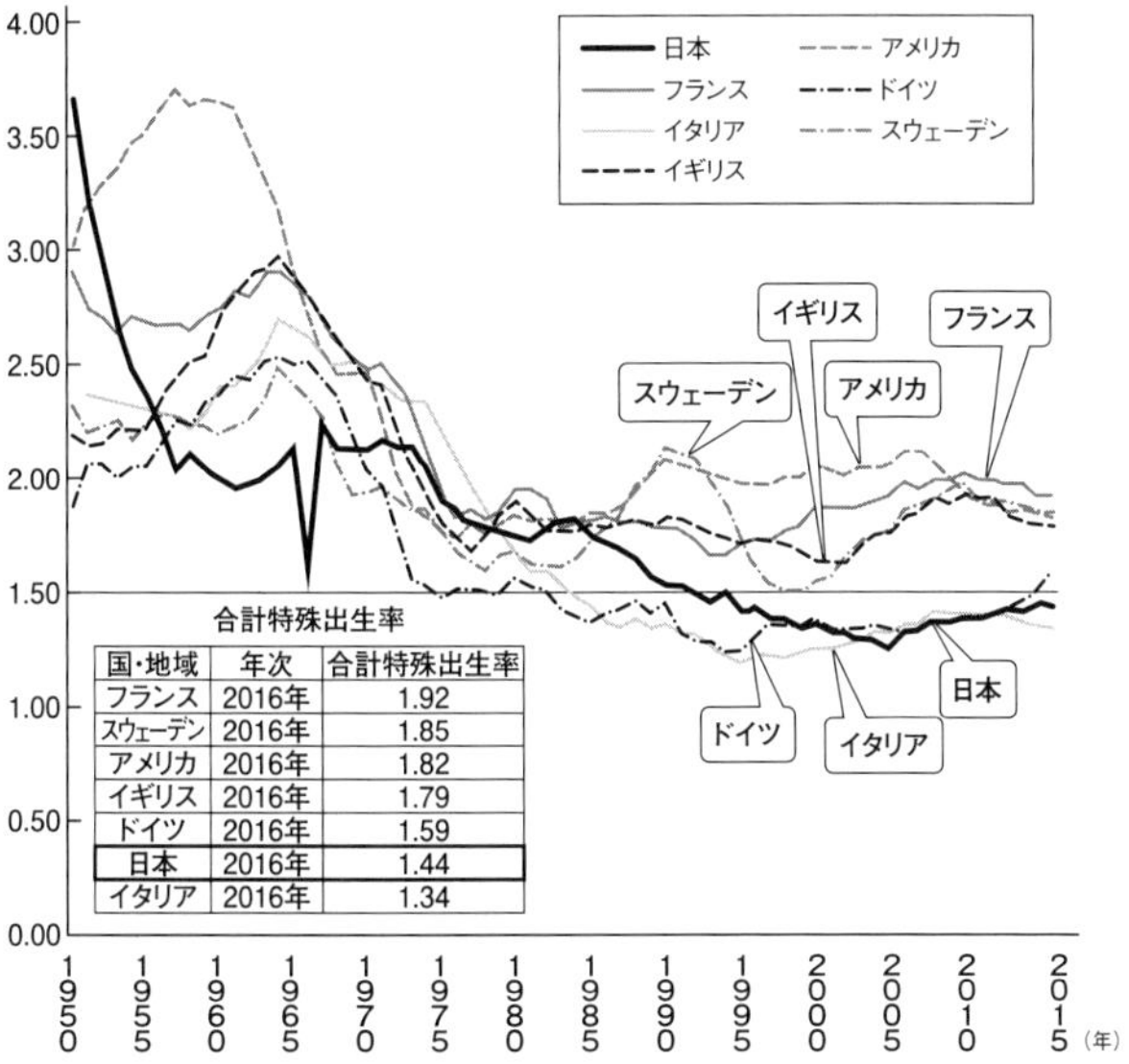

国・地域	年次	合計特殊出生率
フランス	2016年	1.92
スウェーデン	2016年	1.85
アメリカ	2016年	1.82
イギリス	2016年	1.79
ドイツ	2016年	1.59
日本	2016年	1.44
イタリア	2016年	1.34

資料：諸外国の数値は1959年までUnited Nations “Demographic Yearbook”等、1960年～2015年はOECD Family database、2016年は各国統計、日本の数値は厚生労働省『人口動態統計』より内閣府作成。

注：2016年のフランスの数値は平成30年5月16日現在で暫定値となっている。

出典：内閣府ホームページ「世界各国の出生率：諸外国の合計特殊出生率の動き（欧米）」
https://www8.cao.go.jp/shoushi/shoushika/data/sekai-shusshou.html

資料5　欧米の人口の推移

（単位：万人）

	日本	アメリカ	イギリス	フランス	イタリア	スウェーデン
1980年	11633	22762	5633	5373	5639	832
2019年	12619	32927	6687	6482	6636	1032
増加率	8.7%	44.6%	15.2%	20.6%	17.7%	24.0%

ることが可能だ（ＥＵでは、ＥＵ諸国以外からの移民の方が重要な問題になっている）。

また、出生率が高い上に大量の移民を受け入れてきたアメリカとイギリスは、人口減少の心配をすることはない。特にアメリカは、人口を大きく増やしている。１９８０年には、約２億２７６２万人と日本の２倍未満だったが、２０１９年には、約３億２９２７万人と日本のほぼ２・６倍となった。日本で人口がほとんど増えなかった期間、アメリカでは、約40年間で１億人以上人口が増えたのである。

資料5のように、他の欧米諸国が39年で15％以上人口を増やす中、日本のみが約10％の低率で、さらに、近年、人口減少が始まっている。

これが実態経済に影響を与えないはずはない。

つまり、欧米の識者に言わせれば、30年以上も前から少子化が進行しているのに、出生率の回復に向けた有効な対策が打たれない上に、移民も受け入れようとしない。労働力不足も、高齢化の進行による社会保障の持続性への懸念も分かっていたはずだよね。日本はなんという脳天気な国なんだろう、ということになる。

「日本のようにならないためにはどうすればよいか?」――東アジア諸国の関心

一方、中国（香港、台湾を含む）や韓国、シンガポールなどの人たちは、「日本のようにならないためにはどうすればよいか」という点を聞いてくる。近年、これらの国々では、出生率低下が急速に進行し、日本より出生率が低い国も多い。中国では、１９７９年から30年以上続いた１人っ子政策が、２０１６年に緩められ、２人の出生が認められるようになった。しかし、出生率は回復していないという報告もある。

ただ、これらのアジア諸国の少子化が深刻化したのは最近のことである。高齢化率（65歳以上人口比率）は、日本は28・４％（２０１９年厚労省推計）で世界一である。他の東アジア諸国は、まだ15％以下である（２０１５年……中国９・６％、韓国13・１％、シンガポール11・７％）。今から対策をすれば、日本のように人口減少に見舞われなくても済むのではないか、日本並みの高齢化率になるのは避けられるのではないか、と考えているのだ。

東アジア諸国の政府関係者やマスコミは、日本の少子化対策が効果を上げなかった理由に関しての関心が強い。つまり、日本を反面教師にしようとしているのだ。日本のように人口減少に直面しないで済む可能性を探って、私に聞いてくるのである。

第3章で詳しく述べるが、私は、日本の少子化と欧米の少子化とでは、その様相や生じた理由が、全く異なると判断している（これは「未婚化」についても同様で、それに関しては前著『結婚不要社会』〔朝日新書、2019年〕でも論じている）。

それに対して、東アジア諸国の少子化は、日本と共通点が多い。

たとえば、未婚者の大部分は、大人になっても1人暮らしをせずに、親と同居し続けるという現象。1997年、これを私は「パラサイト・シングル」と名付け、1999年に本を出版した（『パラサイト・シングルの時代』ちくま新書）が、出版後すぐ、2000年には中国語（台湾）に、2003年には韓国語に、相次いで翻訳された。

また、結婚しにくくなっている状況を描いた『「婚活」時代』（ディスカヴァー携書、2008年、白河桃子氏との共著）も、翌年には中国語（本土）に翻訳された。最近私の本は、日本よりも韓国や中国（台湾も含む）での方が売れ行きがよいくらいである。

また、日本と同じように、韓国や中国では、同棲や婚外の出生がたいへん少ない（婚外子率日本2・3％、韓国1・9％、2016年）。欧米では結婚していない女性から生まれる

資料6　東アジア諸国の出生率の推移

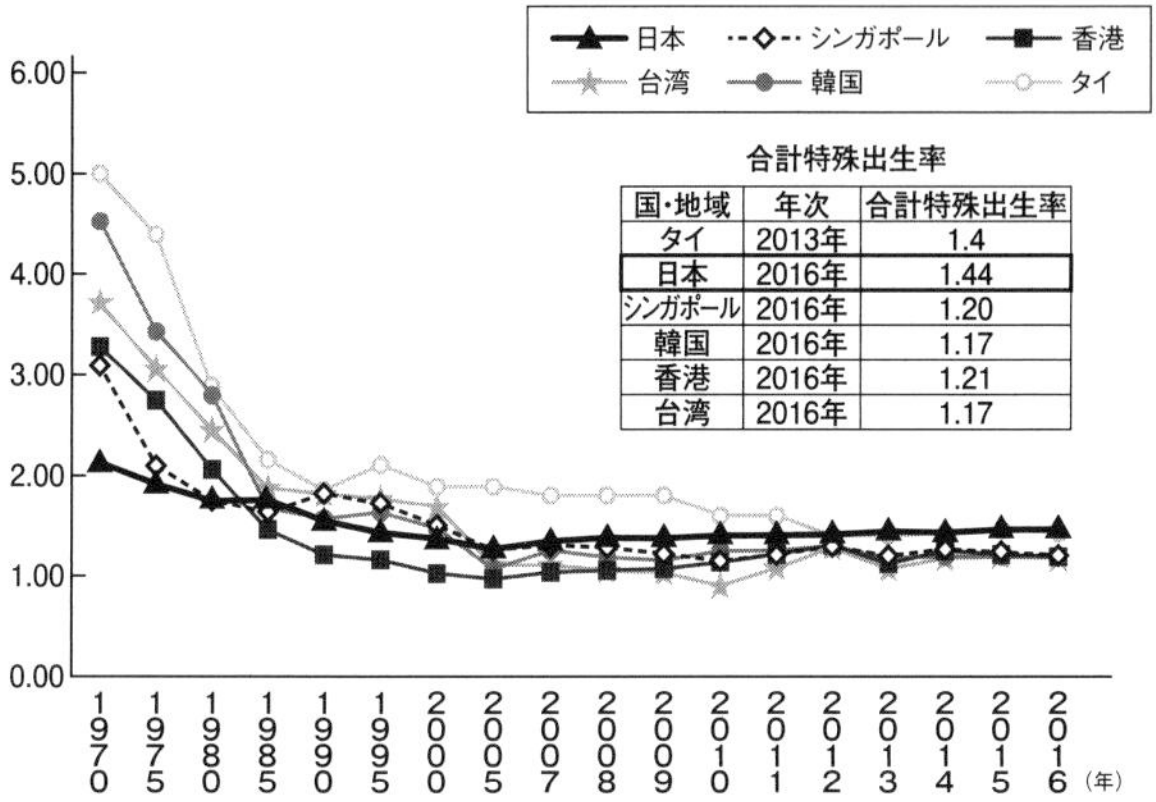

国・地域	年次	合計特殊出生率
タイ	2013年	1.4
日本	2016年	1.44
シンガポール	2016年	1.20
韓国	2016年	1.17
香港	2016年	1.21
台湾	2016年	1.17

資料：United Nations “Demographic Yearbook”、WHO “World Health Statistics”、各国統計、日本は厚生労働省『人口動態統計』を基に内閣府作成

出典：内閣府ホームページ「世界各国の出生率：主な国・地域の合計特殊出生率の動き（アジア）」
https://www8.cao.go.jp/shoushi/shoushika/data/sekai-shusshou.html

子どもの割合は高く、５割を超えている国（フランス、スウェーデンなど）も多い（第４章でも述べる）。一緒に住むなら結婚しなければならないという圧力が、東アジア諸国では強いのである。

じつを言うと、本書のエッセンスは、２０１８年に中国社会科学院という政府機関に呼ばれて行なった報告に基づいている。その報告内容は、本書に先駆けて、すでに先に中国で活字化され、本の１章として出版されている（２０１９年）。

このように、「海外から見れば」、日本は、出生率の低下という現実が認識されてから30年の間（つまり平成の間）、有効な対策が打たれることがなく、少子化は放置され、低出生率が長期間継続し、人口減少が始まり、世界一の高齢化が進行し、社会保障の持続性に懸念が生じているように見える。

ではどうして、日本では有効な少子化対策がなされなかったのだろうか。

本書では、その理由を検証していきたい。

まず、少子化に関する認識と対策の歴史を振り返りながら、考察していこう。

（２）日本の「少子化対策失敗」の経緯

「少子化」の認識の始まり——１９９０年のショック

日本で少子化が大きく認識されるようになったのは、今からちょうど30年前、１９９０年に「１・５７ショック」という言葉が作られたことが大きい（命名者不明）。

１９８９年の合計特殊出生率が、１９６６年の出生率である「１・５８」（１９６６年は

「丙午《ひのえうま》」の年で、丙午生まれの女性は気性が強すぎて結婚できないという迷信に基づく出産控えが起こり戦後最低の出生率となっていた）を下回ったことから、名付けられたのである（１９６７年には、２・２３と大きく跳ね上がった。２割程度の親が出産を１年引きのばしたとみられる）。

横道にそれるが、次の丙午は２０２６年である。

私は数年前から、学生に対して、「チャンスがあったら丙午の年に出産するか」という調査をしている。たとえば、２０１９年に20歳の学生は、次の丙午である２０２６年には27歳になり、出産期に入っている。

今の大学生が迷信など信じるはずがないと思っていたが、毎年、約2割の学生が、「出産を控える」と回答している。その理由の中に、「自分の子どもに『何で丙午に産んだんだ』と文句を言われたくないから」というものがあった（中には、「自分の母親も丙午生まれで、けっこう怒りっぽいから」というほほえましいものもあったが）。ここにも、「子どものために」という意識の影響が見て取れる。

さらに横道にそれると、台湾では、寅年（タイガー・イヤー）生まれは縁起がわるく、辰年（ドラゴン・イヤー）生まれが縁起がよいとされている。実際に近年で見ても、出生数は、寅年（１９９８年、２０１０年）で減少し、辰年（２０００年、２０１２年）で上昇している。寅年の２０１０年の合計特殊出生率は、なんと０・８９５であった。２０２２年は寅年なので、ただでさえ低い台湾の出生率（１・１３、２０１７年）が、さらに低くなる可能性がある。

閑話休題。１９８９年の出生率が公表され、「１・５７ショック」という言葉が作られたのが１９９０年、それを受けて、経済企画庁（当時）が１９９２年に出した『国民生活白書』のタイトルが、「少子社会の到来、その影響と対応」であり、そこから「少子化」という言葉が広まることになった。

この白書は、家族変化と経済状況を結びつけた大変優れたものであった。そこには、経済企画庁らしく、少子化の結果としての労働力不足や、国内需要不足などへの懸念がきちんと書かれている。また、原因の１つとして「教育費負担」への言及もある。**つまり、実際、25年後に起きる社会・経済問題を正しく予測していたわけである。**私もこの白書に影響を受けて、経済の変化と家族の変化を結びつける調査研究を始めることになる。

ちなみに、内閣府に置かれていた国民生活局、国民生活審議会が、省庁再編のあおりで2009年に消滅してしまった（私は最後の内閣府国民生活審議会委員の1人であった）。それにより、『国民生活白書』も取りやめとなった。少子化のみならず、フリーターやNPOなどへの注目など、社会問題を経済の観点から分析する部局が、政府からなくなってしまったのは、大変残念である。

「1・57ショック」以降の10年の致命的な遅れ

1990年の「1・57ショック」以降の政府の動きをみてみよう。

少子化対策として行なわれたわけではないが、1994年には、子どもを育てやすい環境作りのために「エンゼルプラン」が策定される。

少子化対策基本方針が示されたのが、1999年。

少子化社会対策基本法ができるのが2003年。

2004年には、基本法に合わせて『少子化対策白書』が内閣府から発行される。

問題の存在を認識してから、政府が少子化対策に着手するまでに、ほぼ10年たっている。
じつは、この10年の遅れが致命的だったことが後に明らかになる。
それは、人口規模が多い団塊ジュニア世代（だいたい１９７０～74年生まれ）の結婚・出産時期（１９９０年代後半）が、偶然にも、バブル崩壊後の就職氷河期、そして、１９９７年のアジア金融危機と重なってしまったからである。

１９９０年の合計特殊出生率は、１・５４、２０００年は１・３６にまで低下している。しかし、その間、出生数は１９９０年の１２２万人から２０００年の１１９万人と、ほとんど減っていない（Ｐ21の**資料２**参照）。

それは、**団塊ジュニア世代の人口規模が大きかったために、女性１人あたりの子ども数は減っても、全体の子ども数はあまり減らなかったのである。それが、政策担当者の危機感を薄めたことは否めない。**

逆に、２０００年から２０１８年までの18年間で、合計特殊出生率はほとんど変化がない。１・３から１・４前後で推移している。むしろ２００５年の１・２６を底に、多少回復傾向が見られる。

とはいえ、２０１８年の合計特殊出生率は、１・４２。そして、出生数は92万人と、２０００年に比べ約２割も減少している。結婚、出産時期を迎える世代の人口が減っているからだ。

これは、どういうことを意味するのか。

１９９０年以降、少子化が問題として認識され、マスメディアでも取り上げられ、いくつかの少子化に関連した対策はなされた。しかし、結局は、出生率は大きく回復することなく、１・５以下の状況が続き、この25年は平均１・４前後で安定して推移している。

本格的な対策が行なわれたのが２０００年以降だとすると、対策によって悪化を「食い止めた」とも言える。しかし基本的に、少子化対策が始まった１９９５年前後に出産・子育て期だった人と、２０１８年に出産・子育て期にある人の出産行動は、ほとんど変わっていない。

つまり、「若者の出産行動を変える」ことには成功していない。少子化対策は、事実上失敗に終わっているのだ。

なぜなのか、次章以下で、その点を検討していく。

ここでもう１つ、余談になるが、少子化対策だけでなく、「男女共同参画社会」の構築、「女性の活躍推進」対策に関しても、同様のことが言えるのではないかと思っている。

つまり、１９８５年に男女雇用機会均等法が成立して以来、女性の活躍推進が政策として行なわれてはきている。しかし、世界の国々の中で日本の男女の平等度の順位は、近年は毎年低下しているのだ（世界経済フォーラム男女平等度ランキングにおいて、２０１９年は、１５３カ国中１２１位。２０１０年は１３４カ国中94位だったのだが、10年の間にお隣の韓国にも追い抜かれてしまった）。

対策に取り組んではいる。少しずつ前進はしている。しかし、どうみても、「対策が功を奏しているとは言い難い」状況にある。これが、日本の少子化対策、そして女性の活躍推進政策の現実なのである。

第2章　日本の「少子化対策失敗」の理由

（1）日本の出生率を動かす人々は、誰なのか？

政策担当者は「誰の声」を聞いてきたのか？

私は、日本の少子化対策と言われるものが、事実上失敗に終わっているのは、未婚者の心に寄り添った調査、分析、政策提言ができていなかったからではないかと考えている。

つまりは、政策担当者（および、マスメディアも含む）は、未婚者の「生の声」を聞くことを怠《おこた》っていたのではないだろうか。

正確に言えば、**一部の人の意識や態度を、多数派の意識であると勘違いしていたから**なのではないだろうか。

たとえば、若年女性であれば、一部のキャリア女性（大卒、大都市、大企業正社員か正規公務員）の状況を前提とし、非大卒、地方在住、中小企業勤務、もしくは非正規雇用女性の声を聞いてこなかったのではないだろうか。

たしかに、政治家、官僚、企業幹部、マスコミ、そして研究者の周りにいる若年女性の大多数は、大卒（大学院卒も含む）、大都市居住、大企業の正社員か正規公務員、中には成功したフリーランス、起業家もいるだろう。ちなみに、私の友だちや知り合い、仕事で接する人の大部分がそうであり、勤務先の大学の卒業生も、多くが大企業の正社員、公務員、教員として就職し、大都市部に居住している。

しかし、上昇しているとはいえ、近年の大学進学率は約5割である（２０１８年、四年制53・3％、短大含む57・9％）。将来的に、6割、7割に上昇するとは考えにくい。

ちなみに２００１年に18歳だった人の四年制大学進学率（今の37歳前後の人）は、39・9％（男性46・9％、女性32・7％）であった。つまり、２０００年代に出産、子育て期にあった女性の約3分の2は、非四大卒、多くは短大卒や高卒なのである。そして、吉川徹・大阪大学教授が分析しているように、大卒者と非大卒者の意識や行動は、大きく異なっている（吉川徹『日本の分断』光文社新書、２０１８年）。

また、四大卒であっても、正社員で大都市部居住とは限らない。大卒女性は卒業時には正社員として就職しても、数年で離職して、派遣などに働き方を変えるケースが多い。私の大学の卒業生も、男性はまだ正社員定着率は高いが、女性は転職を経験したり、非正規雇用になったものも多く、専業主婦になったものもいる。たとえば、石井まこと（他編）『地方に生きる若者たち』（旬報社、２０１７年）には、非正規雇用の四大卒女子の声が多く採られている。実際、若年未婚女性の約半数は非正規雇用者なのである。

つまり、日本社会全体の出生率というマクロな数字を動かすのは、「大卒かつ大都市居住者かつ大企業正社員か公務員」というキャリア女性ではない。「**大卒でなかったり、地方在住だったり、中小企業勤務や非正規雇用者**」**の女性の人数の方が圧倒的に多いのだ。**

もちろん、キャリア女性が出産、子育てしやすい環境を整えることは大事である。両立対策は、男女平等、そして、女性活躍、日本経済の視点からは必要である。

ただ、それが、マクロな出生率に与える効果は限定的である。

これは、現行の安倍内閣の女性活躍推進政策にも言えると思う。

高学歴で大都市の大企業に勤める女性がトップ・リーダーになれる環境を整えることは重

要である。ただ、地方で中小企業にパートで勤める非大卒の女性にとっては、「雲の上の話」に聞こえてしまう。非キャリアの女性の働く環境を少しでもよくすることが必要なのだ。

地方にいる非キャリア女性の活躍によって、地方経済の活性化、ひいては、日本経済全体の底上げをすることが、本当の意味での女性の活躍推進なのではないかと痛感している。私は、内閣府男女共同参画会議専門委員として、この点について、口をすっぱくして述べているのだが。

日本の絶対的多数の若者の姿とは

私は、社会学者として、アンケートからインタビューにいたるまで、家族や若者に関する様々な調査に携わってきた。

未婚者の調査をする中で、日本の未婚者は欧米のように1人暮らしではなく、大多数は親と同居していることを見いだした（『パラサイト・シングルの時代』）。

また、フリーターなど非正規雇用者を調査する中で、非正規雇用者の男性は結婚をあきらめ、非正規の女性はとにかく収入の安定した男性と結婚したいという願望が強いことが分かった（『希望格差社会』筑摩書房、２００４年）。

さらに、出会いがなく、結婚相手を探すために様々な努力をしている未婚者たちの存在に気づき、その活動を「結婚活動」、略して「婚活」と名付けた（『「婚活」時代』）。

いずれも、従来、当たり前のこととして言われてきた「独身者は１人暮らしである」「愛情があれば結婚するはずである」「交際相手を見つけるのは簡単である」といった認識が、事実とはかけ離れていることを指摘してきたつもりである。

たぶん、これらの従来の誤った認識も、「大卒、大都市居住、大企業勤務」という前提のもとに作り上げられたものだ。

たしかに、大都市部では、地方に比べれば男女とも１人暮らしの独身者が多い。そして、大卒、大企業勤務の男性であれば、結婚にあたって自分や相手の経済力を気にすることはなく、愛情の有無のみで選ぶことは可能だろう。そして、人口が多い大都市部では異性の独身者と出会う機会は多いのである。

しかし、地方では、１人暮らしの未婚者はとても少ない。結婚後の生活を考えると、非正規雇用者の男性を結婚相手に選ぶ女性は少ない。地方では、そもそも独身者の絶対数が少ない上に、出会う機会が乏しい。

もちろん、１人暮らしで、周りに独身の異性が多い環境に置かれている「大卒、大都市居住、大企業勤務」の未婚者は存在する。しかし、日本の若者全体から見れば、絶対的少数なのだ。

繰り返し述べるが、「**大卒でなかったり、地方在住だったり、中小企業勤務や非正規雇用者（プラス自営業の跡継ぎや家族従業者も加えてもよい）**」**の置かれた状況や態度、意識などを中心に考えないと、少子化対策どころか、日本の少子化の実態を理解することさえもできない。**

（２）少子化の直接の原因に関する「誤解と過ち」

先に述べたように、誤った認識に基づいて調査、分析、そして、政策がなされたため、日本社会の多くの識者、政策担当者は、長い間、日本の少子化の原因に関わる重大な２つの要因を見過ごしてきた。

それが、「**未婚化**」と「**若者の経済力の格差拡大**」という要因である。

その背景には、政策担当者たちが「欧米中心主義的発想」に立っていたため、結婚に関わる日本社会特有の状況、意識、価値観などを見落としてきたことがある。順に解説していこう。

①「未婚化が主因」であることを見逃したという過ち

結婚した夫婦の子ども数は減っているのか？

まず、少子化の主たる原因は「未婚化」、つまり結婚する人の減少にある。

じつはその事実は、人口学者によってかなり昔から指摘されてきた。

女性１人あたりが産む子どもの数といえば、通常、夫婦が持つ子どもの数と思う人が多いかもしれないが、実際はそうではない。

日本では、結婚している女性は、２００５年くらいまでは、だいたい平均２人以上産んでいた。これは、難しい分析をするまでもなく、『出生動向基本調査』（国立社会保障・人口問題研究所）の数字を並べてみれば簡単に分かることである（**資料7**）。

つまり、全ての若者が結婚して、この前提（結婚したら平均２人産む）を当てはめれば、

資料7　夫婦あたりの子ども数

完結出生児数（結婚持続期間15〜19年の夫婦が産んだ平均子ども数）の推移

第1回調査（1940年）	4.27人	第9回調査（1987年）	2.19人
第2回調査（1952年）	3.50人	第10回調査（1992年）	2.21人
第3回調査（1957年）	3.60人	第11回調査（1997年）	2.21人
第4回調査（1962年）	2.83人	第12回調査（2002年）	2.23人
第5回調査（1967年）	2.65人	第13回調査（2005年）	2.09人
第6回調査（1972年）	2.20人	第14回調査（2010年）	1.96人
第7回調査（1977年）	2.19人	第15回調査（2015年）	1.94人
第8回調査（1982年）	2.23人		

出典：国立社会保障・人口問題研究所『出生動向基本調査』（2015）

日本の合計特殊出生率は、２を上回っていたはずである。

しかし、日本では、未婚者はほとんど子どもを持たない（数値は後述する）。ゆえに、結婚しない人が増える、すなわち、未婚率が上昇すれば、日本の合計特殊出生率は下がる。これは、誰が考えても簡単なロジックである。

つまり、保育所が不足していようが、育児休業がなかろうが、夫が家事・育児を手伝わなかろうが、２００５年くらいまでは、既婚女性は平均２人、子どもを産み育ててきたのである。

一方で、たとえ保育所を増やし、育児休業制度を作り、夫が家事を手伝うようになっても、「結婚していない女性」にとっては何の意味もない。

夫婦が持つ子ども数、つまり出生率が低下してきたのは、２０１０年以降、保育所を整え、育児休業制度が整備され、夫の家事参加が奨励されて以降なのは、皮肉な現象だと思う（これは、赤川学・東大教授が述べるように、出産支援政策によって、かえって「子育て期待水準」が上昇してしまったという考察が当たっている可能性が高い〔赤川学『これが答えだ！少子化問題』ちくま新書、２０１７年〕）。

婚期は遅れても「いずれは皆、結婚する」と考えられていた

私のような社会学者だけでなく、先に述べたように、専門の人口学者が、かなり早い段階から「未婚化・晩婚化が少子化の原因」と指摘していながら、なぜ、政府は２０１０年代まで結婚対策を打たなかったのだろうか。

いくつか理由は考えられる。

政策を近くで見ていた私からすると、次章で述べるように、政府や識者は、「欧米中心主義的発想」にとらわれていたとしか言いようがない。

人口学者でも、１９９０年代の主流は、「若者は、独身を楽しみたいがために結婚を遅らせているだけであって、いずれ皆、結婚するはず」と判断していた。つまり、「未婚化」ではなく、「晩婚化」と判断していたのである。当時は人口学者から「結婚が何年遅れると、子ども数はどれだけ減るか」という計算をよく聞かされた。未婚者もいずれはほぼ全員が結婚するという推計をしていたのである。

つまりは、結婚は、「しようと思えば誰でも簡単にできるものだ」と考えていたふしがある。

たしかに、１９７５年頃までは、ほとんど大多数の若者が結婚できていた。50歳から60歳くらいの研究者や政策担当者は、「私たちが若い頃、誰でも結婚できていたのだから、男女交際に慣れた今の若い人なら結婚相手などすぐ見つかるに違いない」と思っていたのだろう。

また、そもそも結婚対策というものが可能だと考えられなかったというのもあるだろう。なぜなら、欧米先進国で、そんな対策を取る国などどこにもなかったからである（シンガポールで早くも１９８４年に、大卒女子対象の見合い斡旋《あっせん》が政府によって実施されていたが、例外、特殊なものと判断されていた）。

②結婚や子育ての経済的側面をタブーにしていたという過ち

「山田君が言ったことを言ったら、首が飛んでしまう」

誤った認識の2つめは、結婚や子育ての「経済的側面」を、無視とは言わないまでも、軽視したことである。正確に言えば、それに触れることを避けていたのである。

後で詳しく述べるが、ここにも、「どんな条件でも愛があれば結婚するはず」「どんな条件でも子どもが好きなら産むはず」という、欧米中心主義的発想がかいまみえる。

たしかに、欧米諸国では、そのような前提を置いてもかまわないだろう。

しかし、**日本社会では、たとえ愛があっても、子どもが好きでも、経済的条件が整わなければ、結婚や出産に踏み切らない人が多数派なのだ。**

私は、1996年に出版した『結婚の社会学』（丸善ライブラリー）の中で、「収入の低い男性は結婚相手として選ばれにくい」という現実を指摘している（学術論文や学会、政府系の研究会の中では、それより早く発表している。また、論壇誌『諸君』の中でも展開していた）。

当時、これほど評判の悪かった指摘はなかった。この経緯は、２００７年出版の『少子社会日本』（岩波新書）にも記しているが、１９９０年代後半のマスメディアや政府は、この事実への言及を避けていた。

政府関係の研究会で、私がこの指摘をしたところ、政府のある高官から、「私の立場で、山田君が言ったことを言ったら、首が飛んでしまう」と言われたことがある。

当時、大手の新聞では、私の発言の該当部分は記事にならなかった。

ある地方公共団体に依頼され執筆したエッセイに関しては、担当課長が、削除を依頼しにわざわざ大学までやって来て、頭を下げられたこともある。

その理由は、「収入の低い男性は結婚相手として選ばれにくい」という指摘は、事実であっても差別的発言だから、（たとえ報告書であっても）公で発表することはできない、それだけではなく、それを前提とした政策をとることはできない、というものである。

たしかに、結婚相手についての情報は微妙な問題で、実際、偏見に基づく部落差別や民族差別の問題は相当深刻であった（現在でも存在している〔齋藤直子『結婚差別の社会学』勁草書房、2017年〕）。だから触れずにおくというのが、方針だったのだろう。

では、それで放置しておいてよいというものだろうか。公にせずとも、せめて、少子化対策として、経済が不安定な若者に対しての支援政策がもっと早くなされていれば、事態は変わっていたと思われる。

そしてまた、「収入の低い男性は結婚相手として選ばれにくい」という現実は、単に偏見に基づく、意識上の差別ではない。

結婚すれば夫婦で生活しなくてはいけない。生活にはお金がかかる。結婚後の生活を考えれば、収入の安定した男性と結婚した方が、女性にとってよい選択であることは明らかである。

収入の低い男性との結婚を避けようとする女性を、「差別」だと非難することはできるのだろうか。

お金がかかる政策には動きが鈍い政府

差別論的タブーだけではない。とにかく、政府は、「お金」がかかることに関しては政策の動きが鈍いことは否めない。

少子化対策の委員をしていたとき、「子育ては素晴らしい」というキャンペーンを打つことを提案した委員がいた。

キャンペーンをして現実が動くなら、こんなに苦労はしないのだ。**そもそも子どもが嫌いだから産まないという人はごく少数で、「産みたくても産む条件が整っていないから産まない」多数の人に対し、キャンペーンを打ったところで意味はない。**

たとえば、出生動向基本調査（国立社会保障・人口問題研究所）では、毎回、既婚女性に「理想子ども数」と「予定子ども数」を聞いている。

その両者にギャップがあった人（たとえば理想は3人だが予定は2人など）に対して、「子どもを希望数まで持たない理由」を尋ねている（**資料8**）。

そこでまず一番に来る理由は、常に、「子育てや教育にお金がかかりすぎるから」なので

資料8　子どもを希望数まで持たない理由

2015年　既婚女性調査（複数回答）

（単位：%）

	全体（18〜49歳）	30〜34歳
子育てや教育にお金がかかりすぎるから	56.3	81.1
自分の仕事に差し支えるから	15.2	24.2
家が狭いから	11.3	18.2
高年齢で産むのはいやだから	39.8	18.2
欲しいけれどもできないから	23.5	10.6
健康上の理由から	16.4	15.2
これ以上育児の心理的肉体的負担に耐えられないから	17.6	22.7
夫の家事育児への協力が得られないから	10.0	12.1
一番末の子が夫の定年退職までに成人して欲しいから	7.3	7.6
夫が望まないから	8.1	9.1
子どもがのびのび育つ環境ではないから	6.0	9.1
自分や夫婦の生活を大切にしたいから	5.9	12.1

出典：国立社会保障・人口問題研究所『出生動向基本調査』(2015)

ある。それも、特に、30代前半では圧倒的に多い。「夫の家事育児への協力が得られないから」を理由にしているのは、わずか10%である。

しかし、その事実はあまり重視されず、仕事との両立とか、男性の子育ての手伝い不足などが強調されて、お金のかからない方法が優先されている。

軽視される「若い男性」の意識

また、夫婦の家事負担を平等にすることは、男女共同参画の観点からは必要な方向ではあるが、それが少子化対策と結びつくかどうかは微妙である。なぜなら、男性側の「子どもを持つ意欲」をそぐ可能性があるからだ。

いい悪いは別にして、「家事育児を手伝えと言うなら子どもは（何人も）いらない」という男性が増える可能性も考えなくてはならない。

子どもは原則、男女２人でもうけるものであって、女性だけが子ども数を決める主導権を握っているわけではない。これも、「若い男性」の意識を軽視しているという意味で、今までの少子化対策で検討されなかった点である。

出生動向基本調査でも、既婚女性の意識は聞いているが、既婚男性の意識は長く調査されていなかった。インタビュー調査などでは、妻は子どもをたくさん欲しいと思っているが、夫が無理だと言っているケースも相当見受けられるのだ。それも、お金の問題と家事負担の問題の２つが出ている。

ある男性は、「子どもに個室をあげたい。俺の給料では２人は無理」と答えた（この例は第４章でまた紹介する）。ある共働きの夫婦の例では、妻は３人欲しいが、夫はこれ以上育児を手伝えと言われるのはいやだから、２人でいいと言っており、喧嘩になっているというケースも調査ケースとしてあった。

ちなみに、子育ての経済的負担を減らすため、高等学校の授業料無償化や子ども手当が整備されたのは２００９年であり、就学前教育費原則無償化が２０１９年。そして、大学教育など高等教育の無償化は、いまだ達成されていない。

こちらも、もっと早く、せめて団塊ジュニアが結婚、出産期であった２００５年までになされていれば、ここまで少子化が進まなかったのにと思わざるを得ない。

次章では、本書ですでに何度も指摘した、少子化対策における「欧米中心主義的発想」と、その落とし穴（陥穽《かんせい》）を検討する。

第3章　少子化対策における「欧米中心主義的発想」の陥穽

(1) 欧米中心主義的発想とは

一見、欧米を「追いかけて」きた日本の家族

少子化対策が空回りした直接的要因は、第2章第2節で述べたように、①未婚化を問題にしてこなかったこと。そして、②経済的問題を軽視したことにある。

その背景には、従来日本がモデルとしてきた「欧米」の状況を、日本にも当てはまるものとして考え、それを前提として少子化対策を行なおうとしたことがある。

欧米では、未婚で子どもを産む割合が高く、未婚化は少子化と関係がない。また、欧米では、日本や東アジアと異なり、家族形成（結婚、出産）と経済状況（つまりお金）を結びつける考え方は強くない。

この欧米社会をモデルとした発想を、本書では、「欧米中心主義的発想」と呼ぶことにす

る。その背景には、アメリカやフランスなど、欧米先進国で生じていることは、日本でもいずれ生じるという考え方がある。そして、欧米で起きた問題は日本でも起き、その解決法も欧米にならって行なわれるべきであるという考え方である。

たしかに、明治維新以来、日本社会は、欧米社会を近代化のモデルとして「追いつく」ための政策を行なってきた。おおざっぱに言えば、経済領域では資本主義経済の導入による工業化がはかられ、政治分野でも、憲法の制定や普通選挙の導入、女性活躍推進など、欧米の後を追いかけるように社会を変革させてきた。さらに、福祉の分野でもヨーロッパ諸国をモデルに福祉国家の形成に取り組んできた。

家族の分野でも、明治時代はドイツの制度を参考にイエ制度を作り、戦後は、民法改正などもあり、欧米の「核家族」をモデルに社会が組み立てられてきた。

たしかに、１９５０年頃から、核家族化が進行し、欧米型の性別役割分業型の家族、つまり、夫は主に仕事、妻は主に家事・育児を行ない、「豊かな生活」を目指す家族が徐々に多数を占めるようになっていく。それとともに、子ども数の減少（つまりは少子化）が進み、合計特殊出生率は、１９５０年までは４を超えていたものが、１９５６年には２・２まで低下して、安定する。

　これを人口学では「第一次人口転換」と呼んでいる。１９５０年頃までに生まれた人は、平均４人きょうだいだったのが、１９５５年以降に生まれた人は、平均２人きょうだいということになる。欧米では、１００年（イギリス）、50年かけてゆっくり進んだ２人っ子へのプロセスを10年という短い期間で達成したのである。

　まさに、欧米の「平均２人子どもを産む」というパターンが日本でも起きたのだ（欧米に比べ急速に進んだ東アジアの近代化を、韓国の社会学者チャン・キョンスプは「圧縮された近代」と名付けた）。

　続いて、１９６０年末からフェミニズム、女性の社会進出の波が欧米先進国で起こると、日本でも、ウーマンリブ運動が起き、戦後一貫して増えていた「専業主婦世帯」が１９７５年を境に減少に転じ始めた。ここまでは、欧米諸国と同じような道を辿《たど》っている。


　そんな中、１９８０年代。西ヨーロッパの大陸諸国（フランス、西ドイツ、イタリア、スウェーデン、オランダなど）は、さらなる子ども数の減少、つまり、少子化に直面することになる。合計特殊出生率が2を割り込む事態が起きたのである。次節で述べるように、その中のいくつかの国々では、少子化対策に成功し、出生率が回復する。

このような状況を見て、「いずれ、日本の家族のあり方や女性の生き方も、欧米と同じような方向に動くに違いない」と思うのは自然である。そして、その後、西ヨーロッパで起きたのと同様の少子化が日本でも起き、政策課題にのぼったとき、日本でも、少子化対策に成功したフランスやスウェーデンと同じような対策を打てば、少子化対策に成功できると思った識者や政策担当者が多かったのも、うなずける。

欧米とアジアでは少子化の様相は異なる

しかし、同じ資本主義社会といっても、国によってそのあり方は違っている。

中国が改革開放に踏み切り、ベルリンの壁が崩壊（１９８９年）し、ソビエト連邦が解体（１９９１年）した１９９０年ごろまでは、「収斂《しゅうれん》理論」と言って、出発点や出発年、そして変化のスピードは異なり、辿るルートは多少違っていても、近代社会のゴールは同じであるといった考え方が主流だった。自由主義経済と民主主義政治体制は、全世界に広がっていくものだと信じられていた。ヨーロッパの社会主義諸国の解体は、その証拠と見なされたのである。

しかし、現在は、経済制度であっても、その国固有の文化的伝統や発展経緯などが反映しているという議論が主流になってきた。同じ発達した資本主義で、グローバル化やＩＴ化は同じように進んでも、経済規制の大きさや、経営慣行、労働慣行などが国ごとに大きく異なり、収斂に向かうとは言い難くなっている。政治状況に関しても、中国やロシア、イスラム諸国の状況を見ると、いずれ全世界が西欧型の民主主義に収斂していくという気配は見えない。

そして、家族のあり方や、女性の生き方などジェンダー意識、結婚や出産、子育てに関する家族意識は、経済制度以上に、その国・地域に固有の文化の影響を色濃く受ける。それをいずれは欧米先進国と同じような家族状況が出現するというのは、無理な議論ではないだろうか。

別に文明の衝突理論が正しいとか、収斂理論が間違っていると言いたいわけではない。現実を調査してみると、欧米の少子化と日本や他のアジア諸国の少子化の様相、そしてその要因は、大きく異なっていると断じざるを得ない（といって、同じ東アジア諸国だからといって、日本や韓国、中国がまったく同じと言うつもりもないが、西欧諸国と比較した場合、共通点が多いことは確かだと思われる)。
それゆえ、少子化対策も異なったものである必要があると考えている。

(2) 欧米諸国の少子化の特徴

スウェーデン、フランス、オランダが日本の少子化対策のモデルだった

まず、比較のために、日本の少子化対策のモデルとなったヨーロッパの状況を、ごく簡単に説明しておこう(P25の**資料4**「欧米諸国の合計特殊出生率の推移」をいまいちど参考にしてほしい)。

欧米と言っても、国によってその家族状況は異なってくる(同じ国でも地域によって異なるケースも多いが、ここではごく簡単に国別にまとめる)。ヨーロッパの中でも少子化に直面し、かつ、少子化対策が功を奏した国はそれほど多くない。

その１つがスウェーデンである。

スウェーデンでは、１９８３年に１・６１だった出生率が、１９９０年には、２・１３まで回復した。１９９０年代半ばにもう一度低下したが、２０００年代にはまた回復している。

フランスでは、１９９３年に１・７３だったものが、２００６年には２・００にまで回復している。オランダでは、１９８３年に１・４７とヨーロッパの中でも相当低かったものが、２０００年には１・７２まで回復している（２０１７年、スウェーデン１・８５、フランス１・９２、オランダ１・６６）。

そして、日本の少子化対策のモデルとなったのは、基本、この３国である。研究者の論文、著作から、政府の白書、一般啓蒙書に至るまで、少子化対策に成功した国として言及され、研究されているのは、スウェーデン、フランスが圧倒的に多く、オランダがそれに次ぐ。

他の先進諸国を見てみよう。アメリカ、イギリス、アイルランド、そして、オーストラリア、ニュージーランド（主に英語が公用語の国なのでアングロサクソン諸国と呼ばれる）は出生率の低下はほとんどなく、現在も２・０前後で推移している。さらに、移民の流入も多く、人口は常に増えているので、少子化対策の参考にはならない。

逆に、ドイツ、イタリア、スペインなどの中欧、南欧諸国、そして、イギリス系住民が多くてもカナダなどは少子化対策がほとんど行なわれず、合計特殊出生率は、日本並みに低く推移しているので、こちらもモデルにならない。ただ、移民を多く受け入れているため、人口そのものは増えている国が多い（特にカナダ、ドイツ）。

デンマークやノルウェーは、スウェーデンと似たような傾向を示し（1980年代に低下、1990年代に回復）、ベルギーはオランダと似た傾向を示している（1980年代に低下、2000年代に回復）。これらの国も、少子化対策に成功した国と言えるが、人口規模が小さいので、日本ではほとんど研究されていない。

おおざっぱに言えば、欧米先進国と言っても、そもそも少子化が起きなかった国々（英米豪など）、少子化が起きたが政策を行なって回復した国々（仏、スウェーデン、蘭など）、少子化が起きたが移民でしのいでいる国（独、伊、西、カナダなど）の3パターンに分かれている。

赤川学・東大教授が繰り返し指摘しているように、欧米を1つのモデルとしてひとくくりに考えることはできないことには留意しなくてはならない（『子どもが減って何が悪いか！』ちくま新書、2004年）。

日本のはまった落とし穴Ⓐ――欧米固有の価値意識を前提としてしまった

とにかく、欧米の中でも、少子化に直面した後、少子化から回復した国をモデルとして、日本の少子化対策が行なわれたことは確かである。「少子化から回復していない欧米諸国（ドイツやイタリアなど）は、日本と同じように対策を打っていないから、なかなか出生率が上がらない」と解釈されてきたのだろう。

では、欧米諸国をモデルとした結果、日本はどのような落とし穴にはまったのだろうか。

1つは、（A）欧米に固有の慣習や価値意識を、そのまま日本に当てはまるものとして、モデルの前提にしたことである。

それらの要素を列挙していこう。家族に関係する欧米社会の慣習、意識として、次の4つの特徴が少子化を考察する上で重要である。

① 子は成人したら親から独立して生活するという慣習（若者の親からの自立志向）

②仕事は女性の自己実現であるという意識（仕事＝自己実現意識）
③恋愛感情（ロマンティック・ラブ）を重視する意識（恋愛至上主義）
④子育ては成人したら完了という意識

欧米の多くの国では、この４つの特徴があるために、少子化が起きなかったり（英米など）、少子化対策が効果的だったのである（仏、スウェーデン、オランダなど）。

しかし、現実の日本社会では、この４点は当てはまらない。

それなのに、実際には、欧米固有の４つの慣習・価値意識が日本にもあることを、政策の前提として想定したことによって、少子化対策が空回りしてしまった。その結果、どのような結果が生じたかを次節（３）で説明する。

日本のはまった落とし穴Ⓑ――日本固有の価値意識をスルーしてしまった

もう１つの落とし穴は、（Ｂ）日本社会、日本の家族に特徴的な、人々が持つ意識や慣習を考慮しなかった点である。その日本的特徴を3つに整理する。

①「リスク回避」傾向

②「世間体重視」

③子どもへの強い愛着——子どもにつらい思いをさせたくないという強い感情

多くの日本人にとって、生活上のリスクを回避すること、そして、世間体を保つこと、さらに子どもをよりよく育てることの優先順位が高い。

結婚、子育てには「生活上のリスク」がつきまとう。それゆえに、生活上のリスクが高そうな選択を回避する、つまり、生活上のリスクを回避できる見通しがない場合、結婚や出産を控えるという傾向がある。

次に、どのような人と結婚して、どのように子育てしているかは、周りの人（親戚、友人、近所の人）の関心を呼び起こし、「世間体」に直結する。つまり、世間体に照らしてふさわしくないと思われる結婚や子育てを回避しようとする傾向がある。親戚や友人から変に思われたり、下に見られたりすることを避けるのである。それが、結婚相手の職業や年齢へのこだわりとなり、結婚が抑制されるのである。

そして、日本では、夫婦などパートナー間の愛情よりも、子どもへの愛情を優先する傾向がある。愛する子どもを「よりよく」育てるためには、そのための条件を整えなくてはならない。よい条件を整えられなければ、子どもにつらい思いをさせることになると考えるからである。そして、その条件が整えられないと思えば、出産だけでなく、子どもに十分な経済条件を供給する可能性が低いような結婚自体も回避しようとする。

一方、欧米社会では、リスクを取ることが賞賛される。また、価値観の多様性が尊重され、他人と違ったことをしても非難されない傾向がある。つまり、世間体を気にしないで様々なライフスタイルを試すことは一般的である。また、パートナーとの愛情関係を優先し、子どもに大きな期待をしない。

家族形成（好き合った同士がカップルになり、子どもを産み育てる）を考える際に、この意識の差は大きい。

以上に述べた従来の分析、対策の問題点は、日本のみならず、中国、韓国やシンガポールなど東アジア諸国の少子化を考える際にも必要な視点だと考えている。

それでは、まず、次節で、（Ａ）の落とし穴、つまり「欧米中心主義的発想が、いかに日本社会に当てはまらないか」を考察していく。また、（Ｂ）の落とし穴、つまり「対策において考慮されなかった日本的特徴」については、次の第４章で考察する。

（3）欧米モデル適用の陥穽――欧米にあって日本にないもの

同じように近代化し、現代ではグローバル化を経験しつつある国々とはいえ、家族に関する意識、価値観に関しては、日本と欧米諸国とでは大きく異なる点がある。欧米諸国に見られ、日本にはあまり見られない、家族に関わる意識、価値観を４つにまとめてみた。

①「成人した子は自立する」という慣習――日本はパラサイト・シングルが多い

自立志向が弱い日本

多くの欧米諸国にあって日本にないもの、その第一のものは、「若者の自立志向」である。これは、じつは、福沢諭吉が明治時代に、西洋にあって「東洋になきものは、有形に於いて数理学（統計学のこと）と、無形に於いて独立心と此の二点である」（『福翁自伝』）とすでに指摘していたことである。だから、福沢は、ことあるごとに、日本人に自立心を持てと叱咤激励したのである。

しかし、経済領域はともかく、こと家族領域に関しては、福沢のすすめはあまり効果がなかったようだ。

私は、約20年前、「パラサイト・シングル（中国語訳「寄生独身者」）」という概念を作った（１９９７年２月８日の『日本経済新聞』夕刊）。そこで強調したかったのは、欧米先進国（南欧を除く）では、学卒後、男女とも親の家を出て自立して生活するのが一般的だが、日本（そして、東アジア諸国や南欧）では、結婚までは親と同居して親に頼るのが当然という傾向があるという点である（『パラサイト・シングルの時代』参照）。

そして、日本では、子の自立志向は弱く、特に女性（娘）の自立は不要との意識が、親の方にも本人にも強い。自立が不要どころではなく、結婚前の未婚女性が親元から離れて暮らすことは、よくないことと考える人もまだ多い（「よくない」の中身は、身体的に危険であるという意味と、未婚女性が１人で暮らすのは、「はしたない」――つまり、よい家のお嬢様であれば箱入り娘であるべき、といった象徴的意味がある）。

現実に、日本では、18～34歳の未婚者の約75％が親と同居している（『出生動向基本調査』２０１５年）。特に、未婚女性の親同居率が高い（78・２％）。自分の収入が低くても、親が基本的生活条件を提供しているので、それなりの生活を送ることが可能である。

また、たとえ本人が自立できる収入があっても、自立が求められないので、親元に留まって、母親に家事を任せながら、収入の大部分を小遣い（近年は貯金）に充てる生活が可能である。これが、私が言おうとした本来のパラサイト・シングル、親に基本的生活条件を依存して生活を楽しむ独身者の本来の意味である。

親からの自立が不要という意識の結果、生じる「パラサイト・シングル現象」が、日本の少子化の一因であり、欧米型の少子化対策が効果をあげない１つの理由なのだ。

親に依存できない欧米では、結婚や同棲は「経済的」

南欧を除く欧米先進国では、成人すれば、親元を離れることが原則である。男性だけでなく、女性にも経済的に自立することが求められる。成人後も理由なく親と同居し続けることは、親離れしていない証拠と見なされ、周りからよく思われない。一人前に扱ってもらえないのである。

欧米でも、日本と同じく若者の収入は低く、日本に比べ、失業率も相当高い。そんな中、親元を出て自立して生活する必要に迫られる。その時、誰かと一緒に住むことは、1人暮らしに比べ、経済的に合理的な手段となる。1人あたりの住居費や光熱費が節約できるのである。欧米では若者のシェアハウス居住が多いのもその理由からである。

そして、同じ一緒に住むなら、好きな相手と住む方がよいに決まっている。2人の収入を合わせれば1人暮らしよりよい生活ができる。その結果、同棲が増える。同棲しているうちに子どもが生まれる。その結果、出生率が上がるという仕組みである。

（日本でも、50年前の高度成長期は、地方から出てきた若者の1人暮らしや寮生活者が多数存在したため、結婚が早かったのではないかと推察される。）

つまり、欧米では、親に依存できないため、結婚や同棲は、１人暮らしに比べれば、経済的に楽になる手段となる。もちろん、子どもが生まれれば、子育てに時間やお金が取られるために生活水準が低下する。だから、そこに社会保障で若者の子育て生活を経済的に支援すれば、出生率が高まる。

それに対し、日本では、親の家を出て新しい生活を始めることは、経済的に苦しくなるケースがほとんどだろう。生活水準が低下することを避けるためには、親と同居し続け、１人暮らしをしないことがもっとも合理的な選択となる。

すると、同棲や結婚の機会が減る。そして、その前提となる男女交際も控える。同棲も結婚も男女交際もしなければ、子どもが生まれるはずはない。「成人後も親と同居するのが当然という文化」が、未婚化、少子化に影響していることは否めない。

日本では、未婚者に対して、親元を離れて自立しろという圧力が弱い。この自立志向の弱さが未婚化の大きな要因なのである。

そして、福沢諭吉が「東洋にないもの」と正しく指摘しているように、このロジックは中国や韓国など東アジア諸国にもあてはまる。

また、余談を挟もう。日本人なら誰でも知っている大人気コミック、アニメに『ドラえもん』がある。これは、中国など東アジアで大人気だが、欧米での人気は低い。

その理由の1つが、主人公・のび太の「自立志向の弱さ」にある。

のび太は、何か困ったことがあると、すぐにドラえもんに頼ってしまう。日本や東アジア諸国では、「困ったことがあれば親族（ドラえもんは、未来ののび太の子孫が送ってきたロボットである）に頼ってもかまわない」という文化的背景が、ドラえもんを流行らせているのだが、自立を奨励する意識が強い欧米では、むしろ非難の対象となることがあるのだ。

②「仕事は女性の自己実現だ」という意識――日本女性は仕事より消費生活

女性が結婚・出産をためらう理由が、欧米とは異なる

次に、女性の仕事に関する意識、態度を見ていこう。ここでも、欧米社会に当てはまるこ

とが、日本に当てはまるとは限らない。

欧米では、仕事を持って経済的に自立することが、男性だけでなく、女性にも求められる社会になった。そして、その仕事は、自分らしさ、自己実現という心理的な意味も持たされている。

少子化が問題になったとき、よく聞かれた言説が、「仕事をしつづけたい女性が、結婚・出産をためらっている」というものである。だから、欧米と同じように子育てと共働きを両立できるようにすれば、仕事を優先して結婚や出産を控えていた女性が、子育てをし始めるというものであった。そのために、保育所の整備や育児休業の充実、さらに、夫の子育て参加が推奨されることになる。

しかし、日本では、２つの点で、この前提は当てはまらない。

１つは、仕事による経済的自立が女性には求められない点であり、もう１つは「仕事＝自己実現」という意識が弱い、正確に言えば、仕事で自己実現を得られると思っている女性が少ないということである。

つまり、欧米とは違って、日本では、多くの女性にとって、結婚、出産をためらう理由は、仕事が継続できるかどうかという不安ではなく、別の所にあるということだ。そのような意識、環境の中で、両立支援をしても、少子化対策としては「空振り」に終わってしまう。

欧米とは異なるこの2つの点を、順に詳しく考察していこう。


夫の収入に依存するのは当然である、という意識

日本社会においても、欧米のフェミニズムの影響を受けて、男女平等意識は浸透した。しかし、前節で述べたように、女性には経済的自立が必要という意識の浸透度は弱い。

つまり、女性も成人したら、経済的に自立すべく相当の収入を得るために働くべきだという考え方は、一般には浸透していない。

未婚のときは、親と同居し、基本的生活を依存すること、結婚後は、夫の収入に基本的に依存して生活することは、可能か不可能かは別にして、特に非難されることではない。ごく自然で、普通のことだと考えられている。

少し古いデータだが、「結婚後の家計維持は夫の責任か」という点に関して、スウェーデンと日本の既婚女性のデータを見てみよう（次ページの**資料9**）。

スウェーデンでは、大多数の女性がＮＯと答えるのに、日本ではＹｅｓと答えている人が

資料9　スウェーデンと日本の「家計維持への責任意識」の比較

女性の就業形態別「夫は収入を得る責任を持つべきだ」

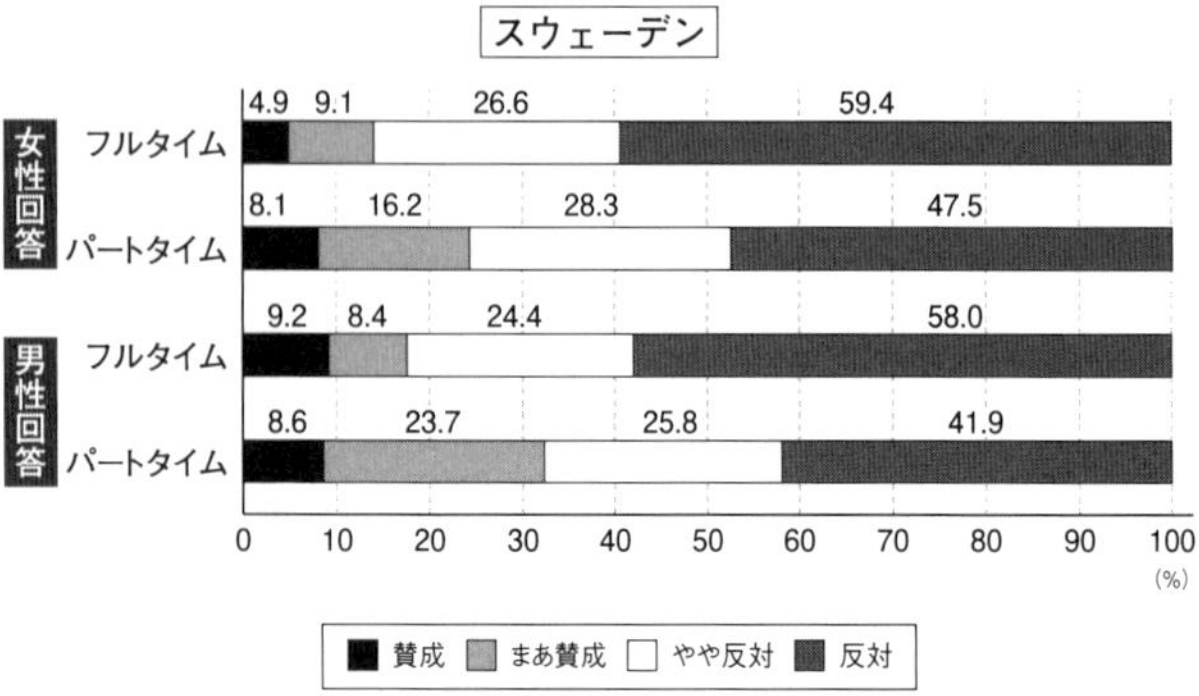

妻就業形態別「夫は収入を得る責任を持つべきだ」

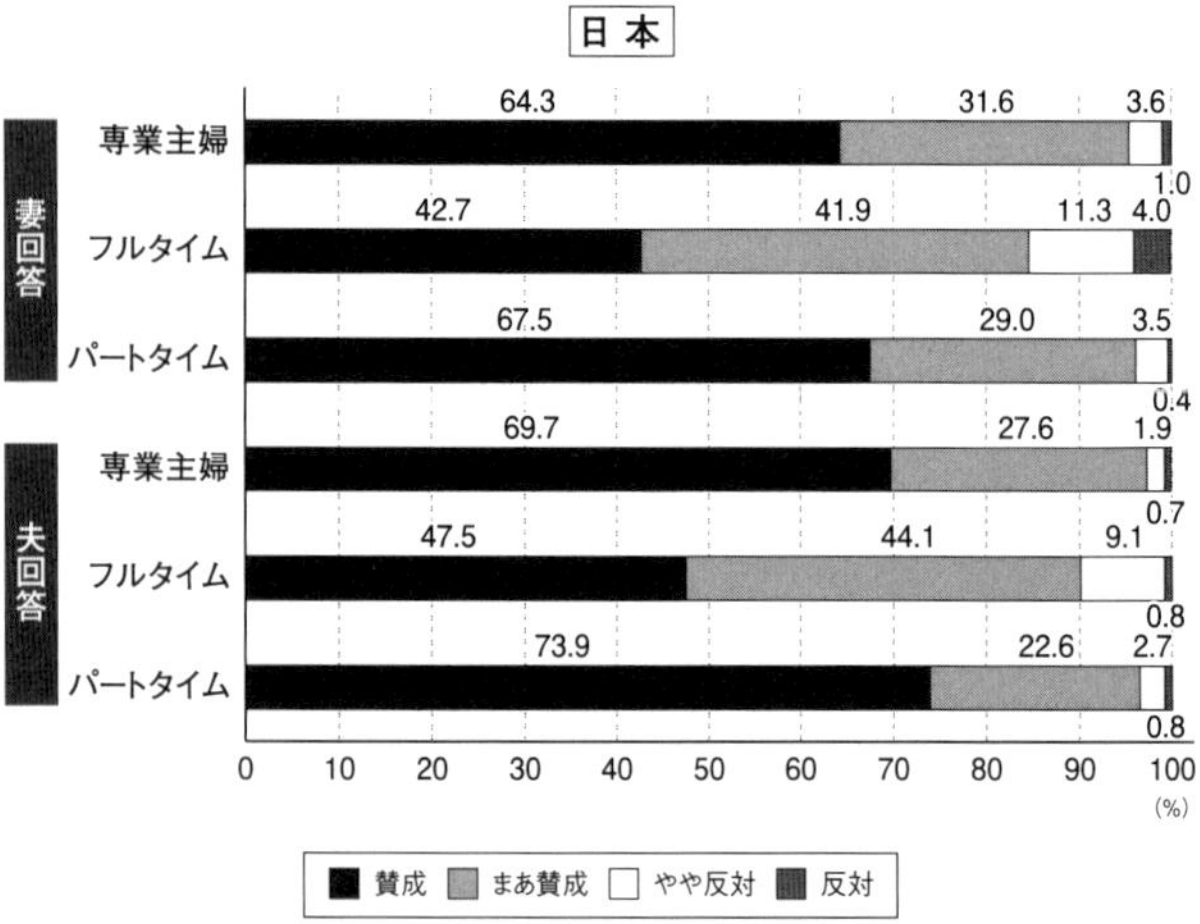

出典：内閣府経済社会総合研究所『日本・スウェーデン家庭生活調査　研究会報告書No.11』(2004)

資料10　弱い女性の自立意識

20～39歳に聞いた、賛成の割合

（単位：%）

	男性	女性
1.結婚後の家計は夫が支えるべきだ	70.4	72.3
2.子どもが小さいうちは母親が育児に専念すべき	55.4	66.6
3.相手が好きなら生活が苦しくても結婚する	52.5	41.1

出典：明治安田生活福祉研究所『第6回結婚・出産に関する調査』(2010)
マクロミル・ネットモニター　20-39歳、7976サンプル

圧倒的に多い。「夫は収入を得る責任を持つべきだ」という項目に対して、フルタイムで働く女性でも、約85％が、Ｙｅｓと応えている。日本では、結婚後の生活を夫の収入に依存することを当然と見なす人が多いのだ。つまり、あえて働いて自立する必要はないと思っている女性が多いことが分かる。

また、私が加わって行なった調査でも、男女とも7割以上の若い人が、「結婚後の家計は夫が支えるべきだ」と答えている（**資料10**）。

この結果を欧米の人に話すと、怪訝《けげん》な顔をする。夫に依存するのは女性にとってリスクではないか。離婚されたらどうするのか。自分でお金を稼がなくては、自分のために自由にお金を使えない

のではないか、夫に従属しなければならないのではないか、などの質問が飛んでくる。

それに対して、まず「日本では、欧米の多くの国のように、一方的に離婚はできない。夫の収入が高い場合、夫の方から離婚するためには多額の慰謝料を妻に支払う必要がある（だから収入の高い夫と結婚しておけば、万一の離婚の場合も安心である）」と答える。

お金に関しては、「日本の多くの家庭では結婚後は夫のお金も妻が管理する。妻は夫のお金を自由に使える（これも夫の収入が多かったらの話だが）」と答えることにしている（欧米では、妻が専業主婦の場合でも、一定の生活費を夫が決めて渡すのが原則）。

そして、多くの夫は、お小遣いを増やしてもらうために、妻に頭を下げるのだ、というと、欧米人男性は、日本の男性はなんてかわいそうなんだという感想を漏らす（ちなみに、我々が行なった調査によると、妻が夫の収入を管理するという夫婦は、だいたい全体の４分の３で、世代による差はほとんど見られなかった）。

日本では、夫からの一方的な離婚のリスクを考える必要はなく、自分が働かなくても小遣いに関して困らない（夫の収入がある程度ある場合に限るが）ので、安心して夫の収入に依存できるのだ。

また、この２つの慣習により、夫の収入が高ければ離婚したとしても有利、夫の収入が高ければ高いほど、自分が自由に使えるお金が増えるというロジックができる。その事実が、婚活時に、結婚相手の男性に経済力を求めることにつながっているのである。

両立してまで続けるほどの仕事と思えない

次に、仕事に関する自己実現意識はどうだろうか。

私は毎年、講義中に、学生に「結婚、出産後も働き続けたいか、仕事を辞めたいか」（同時に、配偶者にどうして欲しいか）を聞いている。

私が大学の教員として働き始めたのは今から30年くらい前、１９８６年のことである。当時の女子大学生の回答は、「働き続けたい」が圧倒的に多かった。当時の女子の四年制大学進学率が低かったこともあるが、男女雇用機会均等法が成立した直後であり（１９８５年成立、１９８６年施行）、女性の社会進出が声高に言われていた頃である（もちろん私が当時、東京学芸大学という教員志望学生が多い大学で教えていたせいでもあるが、非常勤講師をしていた他大学でも同様の傾向だった）。

ただ、年を追うごとに、学芸大でも「仕事を辞めたい」が増え始め、２００８年に中央大学に移籍して以降も同様で、近年は、「働き続けたい」と「仕事を辞めたい」は、ほぼ半々になるまでに増えている。

一方、男子学生の方は、妻に働き続けてもらいたいという回答が年を追うごとに増えている。最近は、「仕事を辞めて専業主夫になりたい」という回答が混じるようになった。

そうした女性の回答の中に、最近では、「その時に就いている仕事が面白かったら働き続ける、つまらなかったら辞める」というものが出てきている。

男女雇用機会均等法成立から30年以上経った。**それとともに、女性にとっての仕事の現実が見えてきたのである。**

たしかに30年前は、仕事での自己実現を目指そうと社会に出て行った女子学生は多かった。その結果どうだったか。

たとえば、社会学者の中野円《まど》佳《か》氏による、結婚出産で仕事を辞めたキャリア女性へのインタビュー調査を見てみても、両立できなくて辞めたというよりも、両立してまで続けるほどの仕事とは思えなかった（もしくは、やりがいのない職に配転になった）点が強調されている（中野円佳『「育休世代」のジレンマ』光文社新書、２０１４年）。

つまり、結婚出産で女性が仕事を辞めるのは、保育所や育児休業制度が整っていないからということよりも、仕事を続けること自体に魅力がないからというのが主たる原因なのだ。

それは、日本社会の仕事の仕方に問題がある。

まず、日本社会では、正社員であれば、会社への献身的忠誠——長時間労働、家族を顧みない働き方——が求められる。それができなければ、キャリアコースから外れる。

中野が強調するように、男性並みの仕事能力がある女性は、キャリアコースから外れると、仕事を継続する気をなくすのである。

男性の多くは、仕事での自立を求められ、かつ、妻子を養う必要性から、それに従わざるを得ない。

しかし、女性は、それに従わなくてもよい自由があると考えられている。

一般職や非正規雇用者にとって「仕事が生きがい」にはならない

やりがいがある仕事をしているように見えるキャリア女性でさえ、仕事を辞める。そして、第2章第1節で述べたように、やりがいのある総合職や専門職の仕事をしている女性労働者はそれほど多くない。女性労働者の半数は非正規雇用者である。

また、正社員でも、定型的な仕事をこなせばよいとされる一般職の人が多い。昇進もほとんどなく、定型的で低収入の仕事を「生きがい」と思っている女性は少ないだろう。たとえば、コンビニでアルバイトをしている未婚女性が、アルバイトの仕事を辞めたくないから子どもを持たない、などとは思わないだろう。大卒であっても、一般職で定型的な仕事をしており昇進がほとんど期待できない未婚女性が、その仕事をやめたくないから結婚しない、子どもを持たないなどとは思わないだろう。

また、現在でも、女性差別的慣行は根強く残っている。公務員や大企業では改善されているとはいえ、女性労働の大部分を占めている中小企業での、女子社員、非正規雇用者への差別的処遇はまだ多い。女性差別がある職場で働き続けたいと思う女性はいない。

結婚、出産というきっかけがあり、（現在、もしくは将来の）夫に十分な収入があれば、仕事を辞めたいと思っている女性は多い。さらに、近年では、長時間労働やブラック企業の存在、そして、キャリア女性の自殺などの報道などが続いている。心身の健康や家庭生活を犠牲にしてまで仕事で活躍したいと思う女性は、ますます少なくなっている。

資料11　性別役割分業への意識

「男は外で働き、妻は家庭を守るべきである」に賛成の割合（女性・年代別）

（単位：%）

2016年	女性					男女計	
18〜29歳	30〜39歳	40〜49歳	50〜59歳	60〜69歳	70歳〜	女性計	男性計
41.1	38.1	34.0	30.2	34.7	43.8	37.0	44.7
2019年	**女性**					**男女計**	
29.0	32.3	31.3	27.2	26.2	37.0	31.1	39.4

内閣府『男女共同参画社会に関する世論調査』（2016、2019）を基に作成

日本女性の仕事への意欲は弱まっている

ひとつ調査結果をあげよう。近年の内閣府の調査では、「夫は仕事、妻は家事」という性別役割分業に賛成の意識が、若年女性で高くなっている（**資料11**、２０１６年、２０１９年）。

　もちろん、仕事でもって自分らしさを表現したり、自己実現をしている女性、結婚・出産してもやりがいのある仕事を辞めたくないという女性は存在する。そのような女性を支援することは必要である。

　しかし、何度も言うように、そのような仕事に就いている女性は相対的に少数であるこ

とに留意しなくてはならない。

まず、女性差別のない環境を整え、やりがいのある仕事に就く女性を増やした後に初めて、両立支援は少子化対策としても効果が出てくるのである。そのためには、「総合職と一般職に区分した上で、一般職は女性に限るという慣行」「正規‐非正規で処遇が大きく異なるなどの慣行」をなくす必要があるが、それが現在、実現する見込みがない以上、一般職や非正規雇用に就いている女性の専業主婦志向は弱まらないだろう。

仕事より、「豊かな消費生活、子どもによい学校」が評価される

では、日本の女性はどのような所にやりがい、自己実現を感じるのであろうか。

欧米で広まった「仕事による自己実現」という考え方は、日本では少数の女性に影響を与えたに過ぎなかった。

多くの女性にとっての人生の目標は、仕事で活躍する以上に、「豊かな消費生活を送る」というものである。

また、豊かな消費生活を前提として、子どもを立派に育てることである（男性もその目的

を共有していても、仕事を辞めるという選択肢がないから、経済力で貢献しようとするだけである）。

それは、次節で述べるように、日本の「世間体」意識ともつながってくる。

日本は、仕事を苦労して続けている女性よりも、仕事をしていなくても豊かな生活をして、子どもをよい学校に通わせている女性を評価する社会でもあるからである。

それゆえ、女性にとって仕事は、豊かな生活や、子どもにお金をかけるための「手段」としての意味が強い。既婚女性のパート就労の理由で多いのは、「子どもの教育費」および「住宅ローンの返済」、つまりは家計補助である。これは、多くの日本人男性にもあてはまる。

逆に言えば、「豊かな消費生活」を送る見通しがあれば、無理に両立を目指す必要はないと考える女性が多いのだ。

現在、既婚女性の就労が増えているのは、夫の収入だけでは子どもの教育費や住宅費が賄《まかな》えず、豊かな消費生活が送れない状況にある既婚女性が増えているからだと言える。その意味で、両立支援が必要であることは言うまでもない。

日本では「両立政策」だけでは不十分な理由

まとめよう。欧米では、「女性が仕事を続けたいから結婚しない、子どもを持たない」というロジックは妥当だろう。それは、女性が仕事をするのが必要、かつ当然と見なされ、仕事が自己実現の手段と思う女性が多いからである。仕事を失うと、夫に対して弱い立場になるからである。その前提として、職場で女性差別が少なく、昇進などで差別されない職場環境がある。

だから、欧米においては、保育所整備や育児休業の充実、夫の家事参加の推奨といった、両立支援策が有効なのである。

しかし、日本では、既婚女性が仕事をすることは、必要かつ当然という状況にないし、仕事で自己実現欲求を満たしている女性は一部である。非正規雇用や一般職をはじめとした昇進が期待できない状況にある多くの未婚・既婚女性には、仕事の継続をしたいために子どもを産まないというロジックは当てはまらない。

だからといって、保育所整備や育児休業の充実、男性の育児参加促進が不要と言っているわけではない。それだけでは、不十分ということを言いたいのだ。

先に述べたように、女性が仕事と育児を両立できる環境を整えた上で、女性が仕事を生きがいにできるような環境整備が「先に」必要であることを強調したかったのである。

東アジア諸国の少子化事情と女性の状況

東アジア諸国を考えると、女性の管理職比率や大学進学率が低く、専業主婦率が高い韓国は、日本に似た状況と判断してよい。

逆に、中国や香港、台湾、シンガポールなどでは、女性管理職比率が高く、専業主婦率が低いので、欧米と同じく、仕事をすることが必要かつ自己実現の手段と考える女性の比率は高いと考えられる。

これも、同じ東アジア諸国といっても、国、文化、そして社会制度によって、少子化事情が異なる例と言ってもよい。

台湾、香港、シンガポールの現状を見てみよう。

これらの国や地域では、女性が職場で活躍する環境は比較的整っている。２０２０年４月現在、台湾の総統や香港の行政長官（行政トップ）は女性である。

また、「外国人家事労働者」が廉価で利用できるので、仕事と家庭の両立はしやすい環境にある。

ちなみに、私が1年住んでいた香港では、外国人ホームヘルパー（いわゆる家政婦）を、住み込みで月5万円程度で雇うことができる。

実際、料理・洗濯・掃除に、育児と、手がかかる部分をほとんどヘルパーに任せる共働き家庭が多い。香港では10世帯に1世帯がホームヘルパーを雇っている。

しかし、フルタイムでの共働き率が高く、両立可能な状況にあるこれらの国でも、少子化は深刻で、合計特殊出生率は世界最低水準にある。

これらの国、地域では、少子化の原因は別の部分、後に述べるが、子どもに高い教育費をかけようとする態度が大きな部分を占めていると考えられる。これらの国々は、両立支援が必ずしも少子化解消に結びつかない実例を提供している。

③恋愛感情（ロマンティック・ラブ）の重視――日本では恋愛は「リスク」

欧米ではパートナーを情熱的に求める

　次に、結婚の前段階にある恋愛に関する態度の、欧米と日本との違いを見ていこう。それに加えて、性関係や夫婦の愛情関係に関する態度の違いも併せて見ていく。通常、子どもは性関係がないと生まれないからである（生殖技術が発達した現在では、必須の条件ではなくなったが）。

「人は、誰かを好きになり、好きになった異性と一緒にいたいと望み、性的関係を持ちたいと思い、そして結婚したいと思う。お互いが好きな人と一緒になれたら、性関係の結果（異性愛者であれば）子どもが生まれる」――このプロセスは自然なプロセスであり、人類共通のものだと通常考えがちである。

　しかし、現代日本の若者の状況を見ると、このプロセスが果たして普遍的なものだろうかという疑問が湧いてくる。

　もちろん、恋愛結婚が普及する以前の、前近代社会の「取り決め婚」の時代には、恋愛感情に基づいて結婚する人は例外的であった。

しかし、前近代社会でも、特定の相手に対して「一緒にいたい」「性関係を持ちたい」という意味での恋愛感情、つまり「恋」はあったわけで、それが結婚に結びつくことを「制度」が邪魔していたと考えることができる。

つまり、本人の恋愛感情に反して、親などの周囲によって、恋愛感情がない相手と結婚させられていたということになる。

近代社会になって制度的規制が緩み、親などの干渉が弱くなり、個人の結婚行動が自由化された。つまり、嫌いな相手と無理に結婚する必要はなくなり、自分が好きになった相手と結婚することができるようになる。そうなると、必然的に、恋愛感情に基づく結婚、つまり、恋愛結婚が普及すると考えられていた。

たしかに、欧米社会ではそのように進んだ。恋愛感情、つまり人生のパートナーを情熱的に求めることが価値づけられている。

価値づけられるとは、人生の1つの目的として追求される、つまり、パートナーが人生にとって必要だと考えられているという意味である。

その関係には、性的欲求の充足も含まれている。それゆえ、男女交際（同性愛者の場合は同性交際）には恋愛感情が必須であると思われている。と同時に、恋愛感情や性的欲求を充足し、一緒に生活をし、子どもを一緒に産み育てるパートナーを求めるという動機づけが自然に働くと思われている。

つまり、欧米では、独身者（未婚であろうと離別者であろうと）はパートナーを見つけるよう積極的に活動する。そして、お互いが恋愛感情を持てば、つまり、恋に落ちれば、恋人となり、一緒にいることを求めるようになる、そして、同棲もしくは結婚し、さらに子どもを産むだろうという仮定を置くことができる。

日本人のカップル形成意欲の低下

しかし、現代日本では、２つの点で、この恋愛結婚が衰退しているようだ。

１つは**恋愛感情の価値づけの問題**、もう１つは**恋愛感情の「自主規制」ともいうべき問題**が原因だと考えられる。

若者の恋愛の実態を見てみよう。１９７５年以降、未婚者が増大している。そして、２０００年以降は、交際相手を持つ若者も減少しているのである。２０１５年には、未婚者の中

資料12　若者の交際相手の減少

独身者で交際相手を持つ率の変化(18〜34歳)

(単位:%)

調査年	1992	1997	2002	2005	2010	2015
男性						
恋人あり(含む婚約者)	26.3	26.2	25.1	27.2	24.6	21.3
交際中の異性の友人有り	19.2	15.3	11.3	14.0	9.4	5.9
女性						
恋人あり(含む婚約者)	35.5	35.4	37.0	36.7	34.0	30.2
交際中の異性の友人有り	19.5	15.9	12.4	12.9	11.9	7.7

国立社会保障・人口問題研究所『出生動向基本調査』を基に作成

資料13　交際希望者の減少

交際相手を持たない人の中での交際希望者の減少

交際相手がない未婚者で交際相手を希望する割合

	2010年	2015年
男性	53.1%	45.7%
女性	51.9%	44.0%

未婚者で結婚を希望する割合

	2010年	2015年
男性	86.3%	85.7%
女性	89.4%	89.3%

国立社会保障・人口問題研究所『出生動向基本調査』を基に作成

資料14　好きな人がいる中高生の減少

好きな人がいる中高生の割合（%）

	1982	1992	2002	2012
中学生				
Yes	41	41	31	25
No	54	56	64	72
高校生				
Yes	54	51	40	31
No	43	46	55	66

出典：NHK 放送文化研究所『NHK 中学生・高校生の生活と意識調査 2012』（NHK 出版）

で、交際している恋人を持つ人の割合は、男性で4分の1、女性で3分の1にまで減ってしまった（**資料12**『出生動向基本調査』）。

さらに、恋人を持たない人の中で、恋人が欲しいという若者が減少している。結婚したいという未婚者は85％以上だが、交際相手が居ない人の中で、交際相手が欲しいという人は5割を切っている（**資料13**『出生動向基本調査』）。

そして、性関係に関心がないと回答する若者が増えてきていることが、様々な調査から明らかになっている。

つまり、カップル形成意欲が低下していると判断できる。これは、欧米人から見れば理解しがたいことに見える。

そもそも恋愛相手を探すというのではなく、好きになってしまうものだという人もいるかもしれない。前頁の**資料14**のデータを見てほしい。このデータを見ると、中学、高校生で好きな人がいると答えた割合が近年ほど低下していることが分かる。

これは、恋愛に優先順位を置かず、そして、たとえ恋愛感情を持っても、それをカップル形成（恋人、結婚）に結びつけようという意欲を持たない人が増えていることを意味する。

恋愛は面倒、恋愛はリスク、恋愛はコスパが悪い

現代、日本では、カップルの恋愛感情は、あまり価値づけられていない。恋愛感情に基づいてパートナーを得るという事が、人生の目的、人生にとって不可欠と考える人は、欧米に比べ少ないようにみえる。

恋愛にこだわらないことはどこからくるのだろうか。

私は、それが「恋愛が面倒なもの」そして「リスク」と捉える人が多くなったからだと判断している。

様々な調査がなされている。内閣府が２０１４年度に行なった調査では、恋人がいない人

資料15　交際相手を求めない理由

今、恋人がいなく、かつ、恋人が欲しくない人に聞いた「恋人がほしくない理由」（20〜39歳）（複数回答）

1　仕事や勉強に力を入れたい	32.9%
2　自分の趣味に力を入れたい	45.1%
3　友人と過ごす時間を大切にしたい	15.4%
4　過去に恋愛で失敗した	4.5%
5　恋愛が面倒	46.2%
6　恋愛に興味がない	28.0%
7　他人と恋人として交際するのがこわい	12.9%
8　その他	10.5%

出典：内閣府『平成26年度 結婚・家族形成に関する意識調査』

で「ほしい」と回答したのは60・8%。つまり、4割の人が「ほしくない」と回答している。そして「恋人がほしくない」理由のなかで、一番象徴的なのが、「恋愛は面倒」という回答である（**資料15**）。

面倒という言葉は英語に大変訳しにくい、日本的な概念なのだろう。

私は、「面倒」とは、「コスパが悪い」と解釈している。恋愛しても苦労の割に楽しいとは思えないということかもしれない。

この裏には、アニメのキャラクターやアイドルなどでロマンティックな感情を充足したり、キャバクラやメイドカフェ、ホストクラブなどで、お金さえ払えば、親密な関係、さらには性的満足も買えるという状況が反映している可能性がある（この点については別稿を執筆中である）。

恋愛の「自主規制」――経済生活を優先する若者たち

次に「恋愛はリスク」と考える人が増えているという点を考察してみたい。

恋愛感情が湧く相手が身近にいたとしても、親が反対するだけではなく、「自主規制」して、自分の恋愛感情を押さえ込む傾向が、特に若い女性を中心に見られる。

「一時的に好きだという感情でつきあってはいけませんよね。恋愛感情はいつかは冷めますよね」と言ってくる女子学生もいるのである。

私は、『結婚不要社会』の中で、「結婚」には好きな人と一緒にいるという側面と、一緒に経済生活を始めるという2つの側面があり、その2つが揃わなかったとき、欧米では恋愛感情を優先し、日本では経済生活を優先する傾向が強いと述べた。これが、日本の少子化を加速させていると考えている。

それらは調査データにも表れている。たとえば、「好きであれば相手が貧乏でもかまわない」と考える人は、第4章で詳述するが、少なくとも女性では少数派である（P154参照）。

先にも述べたように、日本では、夫の収入で生活するのが基本と考えられるので、男性であれば貧乏でも自己責任だが、女性は相手の収入によって生活水準が上下すると考えるので、恋愛感情をあきらめるという選択を取りがちなのである。

セックスレスの進行

さらに、結婚後も問題が起きる。セックスレスの問題である。

日本は、夫婦間の性的回数、満足度の低さでは定評がある。そして近年は、若いカップルの間でもセックスレス夫婦が増えているという調査がある（**資料16**）。当然だが、性関係がなければ子どもは生まれない（生殖技術の利用を除く）。近年の夫婦間の子ども数の減少は、セックスレス化が影響している可能性がある。

私が加わった内閣府の調査でも、若年既婚夫婦において、セックスレスが第2子の出産行動に影響していることが分かっている（**資料17**）。セックスレス夫婦も非セックスレス夫婦も、現在、平均1・4人子どもがいるが、予定している子ども数は、前者で1・45人、後

資料16　セックスレスの進行

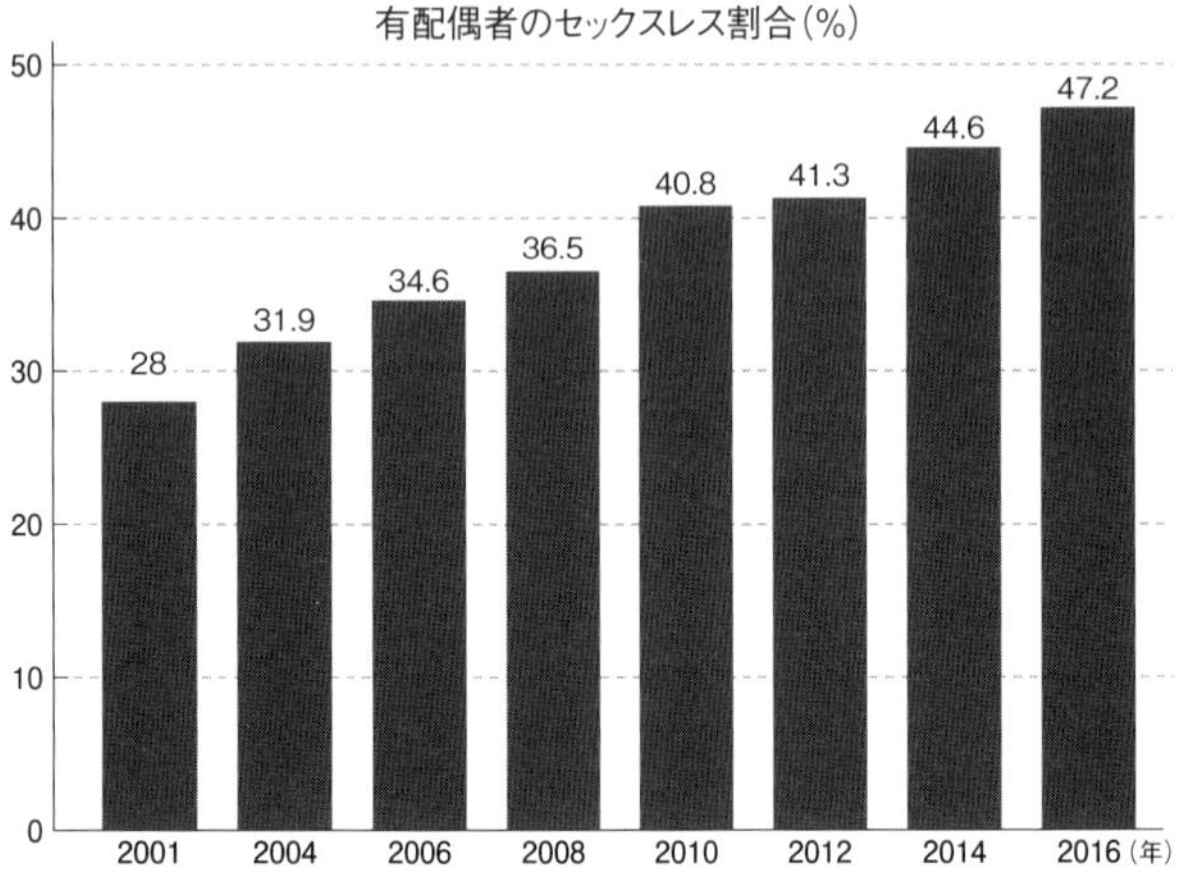

注）セックスレス割合は「この１カ月間は、セックス（性交渉）をしなかった」の回答率。2001年は朝日新聞インターネット調査「夫婦1000人に聞く」、2004〜2016年は第２〜８回『男女の生活と意識に関する調査』（一般社団法人 日本家族計画協会）による。

資料17　若年既婚夫婦におけるセックスレスと子ども数の関係

20〜49歳の10000人に調査(ネットモニター)

	現在子ども数	理想子ども数	予定子ども数	N(人数)
非セックスレス	1.4323	2.3026	1.9218	5330
准セックスレス	1.4342	2.1800	1.7041	2278
セックスレス	1.3537	2.0681	1.4553	2392

セックスレス ………… ここ2、3年まったく性関係がない夫婦　(全体の24%)
准セックスレス ……… 性関係が年に数回の夫婦　(全体の23%)

出典：内閣府経済社会総合研究所調査より（『日本家族社会学会報告資料 2013 年』）

者で１・９２人と、０・５人もの差がある。

つまり、１人産んだ後に、セックスレスになるカップルが相当数いることが推論される。

もはや日本ではカップルは自然に形成されない

まとめておこう。

欧米においては、ロマンティック・ラブや性的満足の対象として、恋人を求める強い欲求が存在することが前提とされている。それゆえ、カップル形成欲求が強い。

つまり、放置しても、男女はカップル関係を目指す（同性愛でも同じ）。カップルは一緒に住んで、性的関係を楽しむ。だから、そのカップルに子どもを産み育てるための支援をすれば、子どもは生まれてくる。

余談になるが、この状況は、レズビアンカップルにも生じており、レズビアンカップルが精子提供、人工授精などの手段を用いて子どもを持つことは、欧米では珍しいことではなくなっている。これが出生率にどれくらい影響を及ぼしているかはまだデータはない。

つまり、欧米では、カップル関係は自然に形成されることを前提にして、政策を行なうことができる。

しかし日本では、それを前提にできなくなっている。「自然と好きな人ができるはず」「相互に好きな相手がいれば結婚するはず」「結婚したらセックスをするはず」「セックスすれば子どもが生まれるはず」という前提が成り立たないのだ。

１９８０年頃までなら、職場などで自然な出会いが多く、出会えなかった者は見合いで結婚していった。

しかし、１９９０年頃から、自然な出会いが減少する。国立社会保障・人口問題研究所の岩澤美帆室長が指摘してきたように、職場で出会う結婚が減少する。日本では、経済的リスクが伴った結婚を避ける傾向が強いので、相手の職業などがあらかじめ分かっている自然な出会いが好まれる。それが減少しているのが、結婚の減少の大きな理由である。

そしてさらに、今世紀に入ってから、恋愛に消極的な若者が増える。白河桃子氏と私が「婚活」を提唱したのも、**「待っていれば自分に合った結婚相手が現れるというのは幻想」ということを強調したかったからである。**

だから、日本での少子化対策には、カップル形成の前提としての「結婚支援」が不可欠なのである。自然な出会いが減少しているのであれば、男女が出会う場を何かしらの形で作る

資料18　結婚活動をしている人の割合

独身者の婚活サービス利用経験率（20歳～49歳）
（恋愛もしくは結婚意向がある恋人のいない独身者）

2016年	2017年	2018年	2019年
17.5%	15.6%	18.6%	23.5%

注）独身者：結婚経験のない未婚者および結婚経験のある（死別・離別の）現在独身者

出典：リクルートブライダル総研『婚活実態調査 2019』

必要がある。

いくつかの地方自治体は、それに気づいて、早めに結婚支援を始めたが、第2章に書いたように、政府が結婚対策に予算を付けるようになったのは、2010年以降になる。

恋人がほしくても、何もせずにいる人が大多数

ただ、婚活という言葉を作り、これだけ流行語になって定着しても、恋愛や結婚に向けて積極的に活動している未婚者の割合はそれほど増えてはいない。

近年の様々な調査を総合すると、恋人のいない若年未婚者の15%から25%程度しか「婚活」を行なっていない。つまり、少なめに見積もっても、恋人のいない未婚者の4分の3は、自分から積極的に結婚相手探しをしていないのである。

恋人がほしいと思っている人の割合が約5割であるので、

恋人がほしいと思っていたとしても、半数以上は、待っているだけで何もしていないことになる。

私は、自治体などの結婚サービスを利用して結婚活動をして、結婚もしくは婚約したカップルのインタビュー調査を行なったが、そのうち何人かは、親の勧めで入会している。特に自治体などの公的紹介機関では、その傾向が強い。

つまり、親が後押しするくらいでないと、そもそも出会いの場にも行こうとしない人が多いのだ。

さらに、出会いを支援する活動でも、ただ、未婚の男女を集めただけでは、なかなかカップルが成立しない。成功している結婚情報サービス業や公的な結婚支援機関では、カップルを成立させるために、カウンセリングをすることが多くなった。

また「えひめ結婚支援センター」のように、パーティーやお見合いで出会ったカップルをボランティアが応援する仕組みを整えているところもあるなど、様々な試みが行なわれている。

まとめよう。恋愛が活発な欧米とは違って、恋愛が活発でない日本では、単に結婚や出産の社会的、経済的条件を整えただけでは、少子化対策の効果は上がらない。

そもそも交際相手がいない人が多数派であり、多くの未婚者が男女交際に対し消極的である。

そのため、何らかの形で、積極的に出会いを促し、出会いの機会を増やすという政策を加えて行なわなければ、交際、結婚、出産にまで至らない、つまり、少子化は改善しないのである。

④「子育ては成人まで」という意識――日本は将来にわたり責任意識

なぜ子どもを持つのか――子どもが「生産財」「役に立つ存在」だったころ

最後に、子どもを持つ意味についての「欧米中心主義的発想」を検討してみよう。

なぜ、人は子どもを持つのか、持ちたがるのか、つまりは、「子どもを持つ意味」は、少子化分析では曖昧にされてきた分野である。近代社会が、子どもを持つことを選択できる社会なのであれば、子どもを持つ意味を人々はどのように捉えているのかという分析は、必須なはずである。

前近代社会においては、子どもを持つ、持たないという選択肢自体がなかった。性関係を持てば、その結果として、女性は妊娠をする可能性が高い。夫婦は、継続的な性関係を持つことは当然とされる。前近代社会には、結婚している夫婦において、避妊は原則なされないので、妊娠は多い。しかし、流産率、乳幼児死亡率、妊産婦死亡率が極めて高かったので、結果的に、大人まで育つのは1家族あたり平均2人程度となり、人口の増減がほとんどない社会であった（人口学では、多産多死社会と呼ぶ）。

もちろん、一部の、経済的に育てられない、夫婦の子でない、未婚での妊娠であるなど、様々な事情から、堕胎や嬰児殺しが行なわれていたことは事実だが、基本的には公にされることはなかった。

人口学者や経済学者は、前近代社会では、子どもは「役に立つ」という理由で、多く産もうとする動機づけが働くという議論をしている。

前近代社会は、農業を中心とした自営業社会であった。そこでは、子どもは家業の労働力として重要であった。ものごころつけば、家業の手伝いをさせられたのである。

さらに、子どもは家業の跡継ぎであり、老後の生活の世話をしてくれる存在であった。つまり、子どもは「生産財」と意味づけられる。つまり、親にとって、「経済的に役に立つ」存在であった。

子どもを持つ意味の変化——「消費財としての子ども」の誕生

一方、近代社会になると、子どもを持つ意味が変化した。近代社会になって産業化が進むと、雇用者家族が出現し、多数派になる。いわゆる、「サラリーマンと専業主婦」型の家族である。

子どもは労働力としての意味はなくなり、また、核家族が原則となると、子どもに老後の扶養や世話を期待することが難しくなる。跡を継がせる家業を持つ親も少なくなる。同時に、多くの西洋先進国では、福祉国家の成立により、老後の世話や扶養が社会化されるようになった。子どもに頼る必要性が薄れていく。

近代化が進めば、子どもを産み育てる上で「役に立つから」という理由は徐々になくなる。それにかわって、人口経済学者は、近代社会では、子どもに対して「生産財」ではなく、「消費財」としての位置づけを与える。子どもを産み育てることが効用を生む、つまり、「情緒的」に、なんらかのプラスの要素があるというロジックである。

このように、子どもを育てることは「情緒的理由に基づく」という点では、欧米や日本、東アジア諸国など、近代化して産業化し、年金など社会保障制度が整った国々では、大差はないと考えられる。

もちろん、近代化されたからといって、前近代的な要素、つまり、子どもを産み育てれば「役に立つ」という期待が残存していることはあるだろう。老後に、扶養や世話を期待する人は存在している。特に、社会福祉制度の発達が弱い国ではそうだろう。

ただ、その場合でも、「情緒的意味」が主要な動機であることは否めない。純粋に経済的な観点から、現代社会で子どもを育てるコスト（お金と手間）を考えれば、たとえ、子どもの扶養を期待したとしても、子育ては割に合わない、かつ、不確実な投資である。だから、親にとって、子育ては、経済的に「消費」と考えなければならなくなった。

学び・楽しみとしての子育て、ブランドとしての子ども

ただ、「消費財」といっても様々な形がある。「子ども」という消費財には、２種類の「効

用」が考えられる。

1つは**子どもを育てること自体に意味があるという効用**である。

レジャーにお金をかけるように、「子どもと遊んだり話したりすることが楽しい」「子どもが成長していく姿を見ることが自分の成長になる」といったことが、よく挙げられる。マルクス経済学的に言えば、「**使用価値**」ということになる。

もう1つは、**子どもの持つ価値が自分の価値になるという形での効用**である。

たとえば、高級車やブランド製品、さらには、趣味で珍しいものを持つことなどは、「人から評価される価値の高いものを所有している」ということが効用になる。現実に、そのようなものを持っていることで満足する人は多いのである。

それと同じように、**価値が高いと思われる子どもを育てていることが、親の満足となる**という回路が存在する。これは、言わば子どもの「**市場価値**」と言えようか。

子どもは、欧米では「使用価値」、日本では「市場価値」

子育ての情緒的意味に関しての2つの区別を考えると、欧米と日本では、その重点の置き方に違う点があると考えられる。

欧米では、子育て自体が楽しい、子どもを育てることが自分を成長させるといった、前者の「使用価値」としての意味づけが中心であると考えられる。

日本では、欧米的な意味ももちろんある。しかし、日本の子育てには、それ以上に「子どもをよりよく育てる」、つまり、子どもが社会からどう評価されるか（市場価値といってよい）に関する強い意味づけがあると考えられる。

その結果、**子育ての責任年齢に大きな差が出てくる。**

欧米では、子どもが成人すれば、親の責任は果たしたとみなされる。そして、親にとっての子育ての効用の大部分はここで終了する。

親は、原則、大学など高等教育費を負担しない。ヨーロッパ大陸諸国では大学の授業料は（自国民には）極めて安価である。また、アメリカやイギリスでは、子どもが大学に行きたい場合は、原則、自力で費用を工面する。高校時代にアルバイトで学費を貯めたり、（返済不要の）奨学金を得たり、学生ローンを組んだりする。それでも足りない分は親から借りるなどすることもあるが。

また、パラサイト・シングルのところで述べたが、成人後、子どもは独立して生活することが原則である。それに加えてヨーロッパ諸国では、若者が自立するための社会保障制度も整っている（それでも近年は、若者の経済的事情の悪化によって、親との同居期間が延びているという指摘も多く存在している。例えば、ジョンズ・ホプキンス大学教授である社会学者、キャサリン・ニューマンの『親元暮らしという戦略』〔岩波書店、２０１３年〕。彼女は若者の経済的状況の悪化が、スウェーデン以外の国々で、親依存者を増やしていると結論づけている）。

それゆえ、欧米では、子育て費用（直接費用に加え、機会費用――子育てをしなかったときに仕事で得られるはずだった収入）は、子どもが未成年のうちで終わりである。多数の子どもを育てても、成人までとなれば、費用負担も予測が立つ。少子化対策としての子育ての経済的支援は、子どもが自立するまでの、未成年の間だけで十分となる。

といって、欧米では親子間の愛情がないというわけではない。別居している親子間のコミュニケーション頻度は、日本以上に高い。夫婦と同じく、愛情はコミュニケーションで表現し合うものと思われている。

子どもにみじめな思いをさせたくない——支えることが義務であり、生きがいでもある

一方、**日本では、多くの親にとって、子どもの市場価値の方が使用価値よりも重要である。**子どもと楽しく遊んだり、子どもの成長を自分で楽しむことよりも、子どもを「よりよく育てること」つまり、子どもの市場価値を高めることが重視される。

人から評価される子どもの価値として大きい1つの要素は「学歴」、そして、学卒後に続く職業ランクであり、また、娘の場合は、どのような職業ランクの男性と結婚したかという価値である。

多くの親にとって、高等教育などの費用は、親が負担するのが原則とみなされている。そして、その費用は相当高額である。

さらに、子どもが高学歴を得られるように、進学や補習のための塾など、学校外での学習への費用出費もする必要に迫られる。

それは、単に、自分の子どもの価値を高めるという経済的意味だけではない。子どもに、「将来よりよい人生を送って欲しい（ポジティブ面）」「みじめな思いをさせたくない（ネガ

ティブ面)」という親の愛情にも裏付けられている。欧米と日本では、子への愛情の示し方が異なるのだ。

日本では、高等教育期間、そして、子どもが成人した後も、子を支え続けることが求められると同時に、それが親の生きがいにもなっている。だから、子どもの数を絞らざるを得ないのである。

そしてこれは、日本だけでなく、多くの東アジア諸国、中国や韓国、シンガポールや台湾、香港などの少子化に、もっとも寄与している要因だと考えられる。これらの国々では、日本と同じように、**子どもの価値は、育てることの楽しみ以上に、育てた子どもが社会的にどのように評価されるかが重要なのである。**

たとえば、日本では、単身赴任や出稼ぎなど、子どもをよい条件で育てるために、父親が妻子を経済的に支えようと、1人暮らしをすることはよくある。そうなると、父親の「子育ての楽しみ」は失われる。だが、父親が寂しい思いをしつつも、家族を経済的に支え続けるのは、それが義務ということもあるが、それ以上に、子どもがよりよく育つ、自分の稼ぎによって学歴をつけ、子どもから感謝されることを望んでいるからである。

これは、中国、韓国などの東アジア諸国、そしてフィリピンなどでも見られる現象である。中国でも、子どもに学歴を付けるお金を稼ぐために、子どもを祖父母に預け、夫婦二人ともが遠くに働きに行くこともよく行なわれる。また、韓国では、教育条件のよいところに母子が引っ越して、離れたところに暮らす父親が経済的に支えるということも行なわれる。フィリピンでは、子どもの学費を稼ぐために、母親がホームヘルパーとして、中東産油国やシンガポール、香港などに出稼ぎに行くことも多い。

子どもとのコミュニケーションなど「子育ての楽しみ」よりも、経済的に支え、よい教育を受けさせることを優先する、つまり、日本と同じように、「子どもをよりよく育てること」に価値を置く人が多いため、子どもにお金をかけざるを得ない状況が広がっているのである。

そして、東アジア諸国で、欧米以上の少子化が進むのも、この要因が一番大きいと判断できる。

だから、欧米型の少子化対策は効果がなかった……

まとめておこう。

欧米の少子化対策は、

①成人していたら未婚者は１人暮らしであること。

②仕事での自己実現を目指す女性が多いこと。

③カップルを求める感情が強く、恋愛感情があれば一緒に暮らそうとすること。

④子どもを持つことの価値は子育てを楽しむことにあり、子育ては成人すれば終了と考えられていること。

を前提に進められてきた。

そして、一部の国（スウェーデンやフランスなど）では、「両立支援」を行なって、少子化対策に成功し、出生率が回復していった。

一方、一部の国（アメリカ、イギリスなど）では、少子化対策を行なう必要がなく、出生率は高いままである。

そして、日本でも、これらの要素を前提として、少子化対策を行なってきたのである。だから効果がなかったのではないだろうか？

しかし残念ながら、日本では、これらの条件が成り立ちそうにないのだ。また、この要素のうちいくつかは、東アジア諸国では成り立たない。

繰り返しになるが、それは、以下のような事情があるからだ。

①結婚前の若者は、親と同居している人が多い。そして、親との同居は、非難されることはない（この点は、東アジア諸国、そして、出生率が低迷するイタリアやスペインなど南欧諸国で共通）。

②仕事による自己実現を目指す女性は少数である。仕事を続けることよりも、豊かな生活をすることに生活上の価値を置く（この点は韓国と共通。しかし、中国やシンガポールなどでは共通しない）。

③恋愛感情は重視されない。愛情であれば配偶者より子ども、夫婦であれば恋愛感情よりも経済生活を優先する（この点も東アジア諸国共通ではないかと思われるが、確たる調査データはない）。

④高等教育費用を含む将来にわたっての子育ての責任が親にかかる。それは、子どもの将来を第一に考えるのが、親の望みでもあるからである。恋愛感情に身を任すよりも、こ

れから育てるであろう自分の子どもの生活、特に経済生活を第一に考える（これは、東アジア諸国共通）。

これらの事情があるために、欧米型の少子化対策が「空振り」に終わってしまうのである（同じように、東アジア諸国でも空振りに終わるであろう）。

第4章　「リスク回避」と「世間体重視」の日本社会
——日本人特有の価値意識をさぐる

日本の少子化を語る上で外せない、3つのポイント

続いて、この章では、結婚と子育てを考える場合、欧米では考慮に入れる必要はないが、現代日本社会では絶対に外せない、特有の価値意識を、まず2点指摘しておこう。

1つは、①**将来の生活設計に関するリスク回避の意識**である。

現代の日本人の多くは、将来にわたって中流生活を維持することを至上命題にしている。そして、将来にわたって中流生活を送れなくなるリスクを避けようとする。

日本人にとっては、生活設計において、「男女交際」「結婚」「出産」「子育て」「子の教育」そして、「子育て後の老後生活」の問題は、ばらばらにあるのではなく、相互に密接な関係を持ったものとして意識されている。

現在、若者は、老後に至るまでの将来にわたる「生活設計」を考えざるを得ない時代になっている。つまり、前章で述べた「子どもの大学費用が心配だ」という意識は、出産するときに考慮されるだけではなく、本書の冒頭で述べたように、「奨学金を借りている人とつきあってはいけない」という形で、「男女交際」にも影響を与えている。

もう１つは、②**日本人の強い「世間体」意識**である。

若者は、結婚、子育て、そして、老後に至るまで「世間から見て恥ずかしくない生活」をしなければならないと考えている。それが、日本の少子化に大きく影響している。

世間体とは、家族、親族、友人などの自分の身の回りの他者が、自分に下すと思われる評価を言う。

つまり、自分たちさえよければ、結婚、出産、子育てするというわけにはいかない。**結婚したら、そして、子どもを産んだら、子どもを育てたら、子どもが大人になったら、世間からどのように見られるかを常に意識して行動せざるを得ないのだ。**

その意識は、若い人の間でも、弱まるどころか、ソーシャル・メディア、いわゆるＳＮＳの発達で、かえって強まっている気配さえある。

この２つの価値意識は、日本の少子化問題の考察のためには不可欠なのにもかかわらず、今まで等閑視されていた視点である。

加えて、この２つの価値意識がある結果、出てくる特有の問題が、③**強い子育てプレッシャー**である。本書の冒頭に述べたように、「子どもにつらい思いをさせたくない」という感情が、リスク回避と世間体と合体して、子どもを持たない方向に作用している。

この3つの日本固有の特徴について、順番に考察していこう。

(1)「生涯にわたる生活設計」+「リスク回避意識」

交際する前に、子育てから老後までを見据える日本女性

現代日本社会では、結婚、出産に関して「生涯にわたる生活設計」を考える人が多い。そして、生活設計上のリスクを最小限にするという、つまり、リスク回避を最優先するという価値観が強い。

その2つの要素が組み合わさって、今の日本の社会状況の中で、若者が結婚や出産を控える大きな要因になっている。

欧米では、日本に比べ、生涯の生活設計をしても無駄だと考える人、そして、生活においてリスクをとる人が多いことが、同棲、結婚、出産を増やしているのだと思えてくる。歌のタイトルではないが、「ケセラセラ」、将来はなんとかなる、考えても仕方がない、と思っている人が日本人に比べ多い（たとえば、仕事においても、解雇されやすく、同時に、再就職もしやすいのが欧米社会である）。

日本人がこうした傾向にある大きな理由の1つは、日本社会が、戦後75年にわたって、社会的安定を享受できていたということが大きい。

まず、「生涯にわたる生活設計」という視点を見てみよう。

教育学者の小山静子京大教授によると、日本では、「出産」と「子育て」がセットになっていると言われる（小山静子・小玉亮子共編『子どもと教育』日本経済評論社、２０１８年）。子育てを見据えなければ、出産を決断できない、つまりは、子どもを理想的な環境で育て上げる条件が整わなければ、そもそも出産を控えるという傾向を指摘したものである。

そして、近年は、「男女交際」と「結婚」「教育費」そして「老後の生活」も、一連の流れの中に加えなければならない。

資料19　未婚者の「結婚したい理由」

未婚者（20〜39歳）「結婚したい理由」（複数回答）

（単位：%）

	男性	女性
家族を持ちたい	59.1	59.2
子どもが欲しい	54.8	59.9
好きな人と一緒にいたい	61.7	60.1
やすらぎが欲しい	39.1	41.0
一人でさびしい	24.7	28.3
お互いを高め合いたい	20.6	24.0
家事の負担が減る	7.9	3.3
両親や親戚を安心させたい	34.6	46.8
経済的な安定を得たい	15.6	42.9
社会的に認められたい	18.9	17.2
老後に一人でいたくない	26.8	44.3
適齢期である	14.4	24.3
その他	1.1	1.5

出典：内閣府『平成22年度 結婚・家族形成に関する調査』

２０１０年に行なった内閣府の調査で、未婚女性が結婚したい理由の中で上位に入ったのが、「老後に１人でいたくない」というものであった（資料19）。

つまり、結婚して子どもを育てれば、自分が高齢になったときに子どもがいて寂しくないという深謀遠慮が働いているからだと推察される。未婚の時点から、老後の生活まで見据える女性が多いというべきか。その一方、男性では、この選択肢の回答率は、女性に比べ低いというのも特徴的である。

そして、本書の冒頭に記した、「奨学金を借りている人とつきあってはいけない」と母親に言われたという例のように、「男女交際」を開始しようとするときでさえも、将来の結婚生活、子育て生活を見据えた視点で、するかしないかの判断をしようとしている。

つまり、好き嫌いという恋愛感情だけでつきあうのではなく、当人と交際し結婚したら将来どのような生活が描けるかという視点を持って判断するのである。

その傾向は、特に女性において強く、また、未婚女性の親において強いのではないかと推察される。いまだ結婚にあたって、娘の将来の経済生活を一生安泰にできる経済力があるかどうかを気にかけるのである。

背が高い男性、ハンサムな男性がモテるのは、子どものため？

ここからエピソードが続くので、お許しいただきたい。

ある女子学生が「背が高い男性としかつきあわない。私は背が低いから、男の子が生まれて背が低いとかわいそうだから」と話しているのを聞いた。

つまり、将来生まれる子どもの身長まで考慮に入れて、つきあう人を決めようとしている。それも、まだ生まれてもいない子どもの将来を心配してのことである。

男性である私は、それまで、背が高い男性が女性からモテるのは、その方が格好良くて恋愛感情を刺激するからだと信じていた（私の身長は低い方である）。

もちろん、そのような面もあると思うのだが、まだ生まれてもいない子どものことを考えて、「理性的に」身長の高い男性を選ぶという発想は驚きだった。

その話を別の所でしたところ、ある女子学生は、「女の子は父親に似ると言うから、ハンサムな男性と結婚したい。先生、女の子は小さいときにかわいいか、かわいくないかで、扱われ方がすごく違うんだから」と言われたこともある。

つまり、女性にとって、交際相手は結婚相手になる格率が高い、結婚相手は子どもの（遺伝的な）父親になる可能性が高い。それを見据えて交際相手を選ぶ女性が存在しているということだ。子どもがハンデを負うリスクを予め避けようとしている。

婚活、子育て、教育、老後、をばらばらに支援しても効果がない

もう１つ、私が驚いたエピソードを紹介しよう。私のゼミ生たちが、将来を語るという趣旨の、あるテレビ番組の収録に参加したことがあった。その際に、「年金不安がありますか」というキャスターの問いに対し、１人の女子学生が「個人年金に加入したから、私的には安心です」と答えていたのだ。

学生時代から個人年金に加入するという発想は、少なくとも私の若い頃（１９８０年頃）にはなかった。私と同世代の松原耕二キャスターも、びっくりしていた（ＢＳ‐ＴＢＳ『報道１９３０』２０１８年11月放送）。

しかし、彼女は、学生時代から老後に備えて、掛け金をかけ続けるつもりなのである。

また、別の女子学生は、「30歳のときに出産する」予定だと話していた。それは、その前

年（彼女が29歳の年）に、教員である母親が定年を迎えるからだという。彼女は共働きを続けたいので、母親に生まれた子の面倒を見てもらいたいし、でもなるべく早めに産みたい。その結果が、30歳時点での出産計画だそうである。そして、「私の母親も同じように、働きながら祖母に子どもの面倒を見てもらっていた」と語っていた。

つまり、現代の日本の若者の多くは、若い頃から、老後までの生涯にわたる生活設計を思い描いている。そして、人生をその生活設計が予定するレール通りに進めることを目指しているように見える。そのレールは、結婚して、離婚しないで、子どもを立派に育て上げ、悠々自適の老後生活を送るというものである。

老後、よい生活を送るためには、子どもをきちんと育て上げなければならない、そのためには、世帯の収入が十分なければならない、そのためには、収入が高くなりそうな男性と結婚しなければならない。そのためには、そのような男性とだけつきあわなければならない——と逆算して考える女性が多いということである。

日本の若者は、恋愛は恋愛、結婚は結婚、子育ては子育て、子どもの教育費は子どもが大

きくなってから、老後は老後、と別々に考えているわけではない。この点が、政策担当者がなかなか理解できないことである。出会いの時点で、老後の生活まで考えて行動する人が、かなりの割合で存在しているのである。

それゆえ、出会いだけの提供、結婚生活の支援、子育て支援をばらばらに支援しても、なかなか効果がないのだ。

政策担当者は、この事実を念頭に置いて対策をしなければならない。

元々日本人はリスク嫌い——昨今の「リスク化の進展」でさらに傾向が強まる

次に、リスク回避志向について考察しよう。

先に述べた生活設計において、**若者が描いたレール通りにはいかない「リスク」が高まっている。これが、日本の少子化の主因と言ってもよいくらいだと私は判断している。**

そもそも日本人は「リスク」が嫌いである。

たとえば、日本では、諸外国と比べ、資産を持っている人でも預貯金を好み、株や信託、外貨預金などリスクがある投資を控える傾向がある。リスクをとって何か新しいことを試みるよりも、安心、安全をとる人が目立っている。

若い人にとって、将来にわたってそれなりの中流生活を送れるかどうかは、大きな関心事である。

戦後から１９８０年頃までは、結婚後の経済生活に大きなリスクがあるとは考えられなかった。男性であれば、正社員になり、年功序列によって収入が上がっていくことが期待できた。また、農家など自営業は、政府によって保護されていたため、自営業の跡継ぎの男性の収入も安定していると思われていた。だから、女性はどの男性と結婚しても、将来の経済的な生活リスクを考えなくて済んだのである。

これが、戦後から１９８０年頃まで、出生率が安定していた真の理由なのである。

しかし、１９９０年頃からその様相が変化する。ドイツの社会学者ウルリッヒ・ベックがいうように、グローバル化などの影響により、世界的にリスク化が進展する。今の若者にとって、「将来はなんとかなる」とは思えなくなる状況が現れたのだ（Ｕ・ベック『危険社会』法政大学出版局、１９９８年）。

そのせいか、たとえば職業において、リスク回避の傾向が強まっている。日本能率協会が毎年新入社員に対して、転職や企業志向を聞いているが、最近は、年々、「定年まで勤めたい」が増えている。就職においても、いまだ、企業の安定性を第一条件にする学生が多い。

娘の結婚に不安を募らせる親たち

結婚も同じである。将来にわたって「人並みの生活」から転落するリスクを避けるために、「男女交際」「結婚」「出産」「子育て」「教育費」「老後」という一連の生活設計をしようとしている。そして、「人並みの生活」ができないリスクがあると思えば、決断を先延ばしにするのである。

現在、非正規雇用の若者が増えている。また、自営業者の中にも、事業が継続できるか不安がある者も多い。また、たとえ正社員であっても、今後収入が安定的に増えるかどうか分からない。

将来の収入に関して、未婚男性の間に「リスク格差」と呼ぶべきものが生じている。

そんな時、女性側としては、将来の生活を考えると、より安定した職、より安定した企業に勤める男性を求める傾向が強まる。

たとえ、結婚する時点で人並みの生活ができる収入があったとしても、それだけでは足りないのだ。将来、それも老後までを考えなくてはならない。これから住宅を買う、子どもの教育をする、そして老後は年金で生活する。その時点までを見据えて、結婚、出産を決断しようとするのだ。

私は、『読売新聞』の人生案内の回答者をしているが、そこでは時々、結婚相手との経済生活の不安に関する質問が出てくる。特に、女性側の親が、娘の結婚相手が正社員ではないから反対しているといった形で投稿されるものも見られる。

今の適齢期の若者の親（２０２０年で60歳前後）が若かった時期は、男性はほとんどが正社員で、将来安定した収入が約束されていた。

しかし、今の若者はそうではないので、若者以上に娘の親は不安を募らせて、収入の不安がある男性との結婚に反対するのである。

また、投稿サイトの『読売新聞』「発言小町」でも、結婚相手の男性の収入や資産状況に関する不安の投稿が数多く見られる。

たとえば、「長年付き合った彼氏、「お金がない」を理由に別れるべきかどうか」というタイトルの質問が寄せられた（２０２０年1月13日8時6分）。結婚する予定の彼の貯金ゼロが発覚、このまま結婚するか諦めるべきか、という質問である。

そこでの読者の反応の多くは、将来に経済的不安が残る結婚に否定的だったのである。即刻別れてすぐ婚活すべきだという回答も見られた。

やり直しがききにくい日本社会では、リスクはより避けられる

「生涯にわたる生活のリスク」を回避したいという望みは、持って当然のものである。しかし、生活できなくなる可能性が少しでもあれば、結婚や出産を避けるとなると、今のリスクが溢れる社会の中で、なかなか結婚、出産に踏み切れない人が増えるのは当然である。不安定な社会であるからこそ、リスクがなるべく少ない道を選ぼうとするのである。

また、欧米社会は、そもそもリスクをとって新しいことを始めることを評価する文化がある。さらに、欧米では転職が当然のように行なわれるので、「やり直しがききやすい」社会と言われている。

しかし、日本は新卒一括採用、終身雇用慣習に代表されるように、一度、コースを踏み外

すと、やり直しがききにくい労働慣行を持つ社会と考えられている。

これは、結婚、出産にもあてはまる。再婚が増えているとはいえ、日本では離婚は失敗という評価がつきまとう。

欧米では離婚や再婚を繰り返しても、特に問題とは思われない社会となった（2020年3月現在、アメリカのトランプ大統領は3度目の結婚であり、イギリスのジョンソン首相も2回離婚して、3度目の結婚をしようとしている）。欧米では転職はレベルアップを意味するように、離婚は、再婚を目指してお互いにとってよりよい相手を見つけるチャンスという意識がある。

また、日本では、離婚後の母子世帯の貧困が報道されている。たしかに日本では、離婚後の社会保障が充実しているわけではなく、ひとり親世帯の貧困率は、先進諸国中最悪の水準にある。

このような事情から、「将来の生活に関わるリスクがあると、結婚、出産を避ける」という意識が強いことが、日本の少子化を促進していることは間違いないと思われるが、それを直接示すような調査データをとることは難しい。この点を、ある政府系の研究会で指摘したことがあるが、その際には、「人々のリスク意識を変えるというのでは、『対策』のしようがない」と、ある官僚に言われたこともある。

せいぜい、「仕事においても家族においてもやり直しがききやすい社会」にするということが、最も効果があるだろうが、それを実現するためには、大胆な改革が必要で、雇用慣行や人々の意識を変化させることが必要になるので、たいへん困難な課題になるのである。

（２）世間体意識――「人からのマイナス評価を避けようとする」意識

「世間体を保つ」ことが重要視される日本社会――下に見られたくない

次に、日本社会に根強く残っている「世間体」意識が、少子化に与える影響について考察していこう。

この「世間体」意識が強いことが、日本の結婚や出産を妨げている大きな要因となっている。

日本社会では、好きな相手と結婚しさえすれば幸せな生活が送れる、子どもがいさえすれば楽しい家庭生活を送れる、というわけではない。日本人は、身近な人たちに対して「世間体」を保つことをたいへん重要視している。

ここで、「世間体」を定義しなければならないのだが、辞書的には、「世間に対する体裁や見え」（『大辞泉』）となり、「世間」を引くと、「人が集まり生活している場」となる。

そして、この言葉は、外国語には大変訳しにくい。

和英辞書を引くと、「appearance」、つまり、「見せかけ」というのが一番最初に出てくるが、単なる外見だけではないし、世間体という言葉に込められた、日本社会で大きい威力をふるう「世間の目の圧力」を理解してもらうのは難しい。

中国語では、「面子」と訳すのだそうだが、それも、日本社会でこの言葉が使われるニュアンスとは異なっているようだ。

ここでは、「世間体を保つ」とは、「身近な人たちから文句を言われないような生活、行動を保つこと」と定義しておこう。とにかく、身近な人たち、つまり、**親などの家族、親しい親戚、学校や職場の仲間、友人などから、マイナスの評価を受けないことが、日本社会に生**

きる多くの人々にとって最優先事項になっている。

世間体を保てない「生活」を送っていることが周りに知られたり、世間体に反する行動をとると、その人が属する集団に居づらくなる。つまり、「周りの人にひかれる」「近づくことを避けられる」、最終的には仲間はずれにされる可能性が強まる。

具体的に言えば、「世間並みの生活水準」が保てないと、身近な人から馬鹿にされるか、同情されたりする、つまり、仲間とはみなされず、別のカテゴリーに属する人とみなされる、つまり「下」に見られるということである。

もう1つは、多数派とは異なった行動をするということで、身近な人から「変わった人」と見られ、仲間とはみなされなくなる。

日本社会では、いくらよいことでも、多数派から外れた行動をする人を評価しない。「空気を読む」というように、周りに合わせることが評価される社会である。

世間体を保つには、まず**「人並みの生活（周りの人に比べて遜色のない生活水準）を維持すること**」、そして、「（身近な）多数派の人と大きく違った行動をしない」、つまり、**多数派の行動に同調すること**が重要である。

ここで、日本の世間体といわれるものを、この2つの要素（「生活水準に関する世間体意識」「多数派への同調圧力」）に分けて、少子化との関係を考察していくことにする。

この2つの要素は、結婚する・しない、結婚相手の学歴や年齢、容姿から、住んでいる地域、住宅、そして子どもの行っている学校や洋服に至るまで、あらゆる生活領域に関わってくる。「自分がしっかりしているから、周りの人からからどう見られたってかまわない」と思う日本人は少数派なのである。

まず最初に、後者の**「多数派への同調圧力」**から考察していこう。これも、①「結婚形態」に関する世間体意識、②「結婚相手」に関する世間体意識、の2つに分けられる。この2つの意識があるおかげで、日本の結婚の多様化は、なかなか進まないのだ。

多数派への同調圧力、その①——「結婚形態」に関する世間体意識

日本で「同棲」「婚外出生」、そして「事実婚（結婚届を出さない結婚）」が欧米のように広まらないのも、そういうことをすることは、「変わった人」とみなされて、世間体が悪くなるからである。

同棲や、結婚しないで子どもを産むことは、別に法律で禁止されているわけではない。そして、多くの欧米先進国では同棲は一般的であり、第１章でも述べたように、スウェーデンやフランスなど、婚外での出生が半数を超える国も珍しくない。

しかし日本では、18歳〜34歳までの未婚者のうち、同棲しているものの割合は、２０１５年で、わずか１・７％である（**資料20**『出生動向基本調査』）。同棲をするくらいなら結婚すべきという「世間体」の圧力が存在している。

また、前章で述べたように、日本では、未婚者の大多数が親と同居しているという事実も影響している。

１人暮らしの独身者が、同棲するハードルは低いだろう。しかし、親と同居している未婚者が、同棲すると言って親元を離れることを喜んで認める親は少ない。

それゆえ、日本では「お試し」として、気に入った異性と一緒に住んでみるという選択肢が閉ざされている。

親同居未婚者にとって、異性と一緒に住むことは、事実上結婚を意味する。お試しができないとなれば、相手の選択に対して慎重にならざるを得ない。一緒に住んで「違っていた」としても、やり直しがきかないからである。

資料20　若者の同棲率

同棲している人の割合（18～34歳の未婚者）

	1987年	1992年	1997年	2002年	2005年	2010年	2015年
男性	0.9%	1.1%	1.7%	2.3%	1.9%	1.6%	1.7%
女性	0.7%	1.1%	1.7%	2.4%	2.3%	1.6%	1.8%

出典：国立社会保障・人口問題研究所『出生動向基本調査』(2015)

資料21　諸外国との同棲経験率の比較

18～49歳の同棲経験（既婚者も含む）

（単位：%）

	日本	韓国	アメリカ	フランス	スウェーデン
同棲経験なし	81.3	95.4	45.4	18.6	18.3
かつてあるが今はない	17.3	3.0	41.1	47.8	47.3
現在同棲中、結婚予定あり	1.0	1.3	7.6	8.7	10.8
現在同棲中、結婚予定なし	0.3	0.3	3.4	17.2	12.8
不明	0.1	―	2.5	7.8	10.9

出典：内閣府『少子化社会に関する国際意識調査』(2010 年調査)

この「世間体」意識は、リスク回避意識と重なって、結婚を遠ざけている。

「できちゃった結婚」の増加に見る希望――世間体の中身は変わる

ただ、世間体の中身は変わる。「世間」というものに絶対的な基準はないからだ。

それは、いわゆる「できちゃった結婚」の例に見ることができる。

できちゃった結婚とは、妊娠が分かった後に婚姻届を出して、出産するものである（社会学者で兵庫教育大学の永田夏来・准教授は「妊娠先行結婚」と呼んでいる『生涯未婚時代』イースト新書、２０１７年）。結婚は、子どもが「婚外子」になることを避けるためになされることが多い。

日本では、２００６年の時点で、第一子の30・8％が、妊娠後に結婚した夫婦から生まれていることが分かっている（厚生労働省調べ）。それ以前の結果が公表されていないので、実際に増えているかどうかは分からない。ただ、現在、その割合は減少気味で、２０１４年には24・7％である。

ここには2つの世間体意識が関わっている。

まず、未婚で子どもを出産することは、世間体に反することであり、非難されても仕方がないという意識が強く残っている。次の節で述べるが、「子どもにつらい思いをさせてはいけない」という意識が働く。

しかし、未婚で妊娠しても、結婚すれば、世間体に反しない、という状況が生まれてきた。１９８０年頃までは、できちゃった結婚も、世間からの非難の対象になっていた。だから、結婚することを予定していても、交際中に妊娠した場合には、堕胎（人工妊娠中絶）を選択するカップルも多かった。

しかし、世間体にとって重要なのは、「数」なのである。１９９０年代を通じて、できちゃった結婚が増え、3割に達すれば、もう少数派とはいえなくなる。できちゃった結婚をする人は、「変わり者」とは呼ばれなくなった。

たとえば、長寿番組『新婚さんいらっしゃい！』（テレビ朝日系）でも、近年は、結婚の理由として子どもができたことを堂々と語る夫婦が増えていることからも分かる。

このように「できちゃった結婚」が世間体に反しなくなったため、日本の出生率は多少押し上げられたのではないかと判断できる。できちゃった結婚が存在しないとすれば、子どもの8分の1は生まれていないはずで、合計特殊出生率は、1・2程度まで低下する（第一子の25％、生まれた子ども全体の12・5％程度に相当する）。

ちなみに、韓国の出生率が日本より相当低いのも（P29の**資料6**参照）、最近は増えてきたとはいえ、できちゃった結婚が未だ世間体に反すると思われているからではないかと推測している。

多数派への同調圧力、その②――「結婚相手」に関する世間体意識

次に結婚相手に関する世間体意識を見てみよう。

誰が誰と結婚したというのは、周りの人々の関心の的になる。

それは、今でもテレビやネットのニュースで、皇室から政治家、芸能人に至るまで、有名な人の結婚は必ず話題になることからも分かる。

身近な人たちでも同じで、家族、親戚、友人、学校の同級生が、どのような人物と結婚したかは、必ず噂される。

そこでの話題の基準は、「格（ランク）」というべきものである。学歴、年齢、職業や収入、

容姿、居住地などの本人の属性だけでなく、家柄、つまりは親の職業や資産、加えて出身地、さらには離婚歴や国籍などまで総合的に考慮され、どっちの方がランクが上だとか、ランクの下の人と結婚したのはもったいないだとか、どうしてあんなランクの上の人と結婚できたのかなど、様々な評価が飛び交う世界で生きている。

そして、そのランクの付け方は、男女で大きく異なっている。

男性は、本人の学歴や収入、職業などが大きく影響し、女性は容姿、年齢、そして家柄などが大きく影響する。その様相は、たびたび引用しているサイト、「発言小町」の男女関係の投稿を見てみるとよく分かる。

日本社会では、２人がどのくらい愛し合っているかなどは、他人にとっては関心外である。ただただ、結婚する２人のランクの釣り合いに注目が集まる。

期待水準以下の人は「自分にふさわしくない」と排除

これを結婚しようとする人に当てはめると、自分のランクと相手のランクを常に比較して、２人のランクがあまり離れないような結婚相手を選ぶ必要がある。そうでないと、周りの人、特に親から「批判的な言動」をとられる。つまり、批判されることを覚悟して結婚しなければならない。

極端な例だが、私がかつて出合った例で次のようなものがある。

ある地方都市に一卵性双生児の姉妹がいた。学歴も一緒、一般職社員として勤めていた。そして、その一方が、20代半ばに、高学歴高収入の優しい男性と出会って結婚した。共働きで、夫は家事・育児も手伝い、とても豊かな生活を築いていた。

一方、もう片方の双子は、結果的に40歳近くになっても未婚のままであった。

ここからは、想像だが、家族的背景も容姿も同じ双子だから、一方よりランクが大きく劣るとみられる男性と交際、結婚することは「世間体が悪い」、私も同じようなランクの人と結婚できるはず、と考えて、結婚ができないでいるのではないのだろうか。

これは、双子でなくても起こることで、姉妹、従姉妹、学校の同級生などでも、自分と同程度のランクだと思われる女性が、理想的な男性との結婚をした場合、「自分も同程度の男性と結婚できるはず」という期待を持ってしまうのは、仕方がないことかもしれない。逆に言えば、期待水準以下の男性を「私にはふさわしくない」と排除してしまう理由にもなる。

世間体は、地域にも及ぶ。井上章一のベストセラー『京都ぎらい』（朝日新書、２０１５

年）の冒頭に、京都市内の中心部に住んでいる女性が、京都郊外在住の男性との見合いの話が来たので、嘆いているのを小耳にはさんだという話が載っていた。関東出身の私には分からないが、京都中心部の女性のプライドにかかわるのだろう。

また、男性の場合だと、男性同士で結婚相手の女性の年齢や容姿が話題になるため、結婚相手への期待水準が上がる、期待水準以下の人とはつきあわないという事態が起こる。

欧米社会でも、結婚相手のランクに関する様々な噂は語られるが、それ以上に「当人と相手がどれだけ愛し合っているか」の方が重視される。

たとえ、それが建前だとしても、いや、建前であるからこそ、「恋愛至上主義」に基づくカップル形成が促進されるのだと考えられる。

生活水準に関する世間体意識——日本人は、じつはかなり貧しい

次に「生活水準に関する世間体意識」と少子化との関係の考察に移ろう。

日本の少子化を考える場合、この点が最も影響を与えていると私は判断している。

誰しも、自分が「貧乏である」と周りの人から思われたくない。多くの人は、「世間並みの生活」を送っていないという理由で、周りの人から下に見られること、同情されたりするのを嫌う。

たとえ、生活が現実に苦しくても、世間体上、普通の生活を送っているように見せる必要が生じる。これが、**貧困率が先進国の中で高いのにもかかわらず、貧困が社会問題になかなかならない理由だと考えている。**

じつは、日本の相対的貧困率（平均所得の２分の１以下の所得の人口が、その国や地域の全人口に占める割合）は、２０１５年で16・０％である（ＯＥＣＤ平均は10・５％）。ＯＥＣＤ34カ国の中では６番目に高く、Ｇ７の中ではアメリカに続き２番目に高くなっている。日本の１人あたりＧＤＰは、ＯＥＣＤ諸国の中でも低い方なので、貧困状態にある人の割合は、先進国の中で相当高い。

ちなみに、２０１８年のアメリカの１人あたりＧＤＰは、６２，８６９ドル、ドイツは４７，６６２ドルなのに対して、日本は３９，３０４ドルである。アメリカの方が相対的貧困率が高いと言っても、平均所得は１・５倍なので、貧しい生活をしている人の割合は、日本の方がアメリカより高いといえる。

日本は、先進国の中では、貧しい生活をしている人が多い社会と言われているのだ。**「意識は中流、でも現実には貧困と隣り合わせ」。後で述べるが、これが日本の少子化の大きな原因なのである。**

逆に言えば、貧困な人が多いにもかかわらず、それを表に出さない人が多い、ということをみんなは知っている。それゆえに、前項で述べた「リスク回避」意識が強く働くのだと考える。

ここでいう周りの人とは、先にも述べた、親戚、学校の同級生、職場の同僚などである。**日本人のプライドは、人から下に見られないことのみにあるような印象を受ける。**

それは、現代日本社会に、事実上、経済上の格差があるのにもかかわらず、「明確な階級区分」というものが存在しないからである。そして、そのことが、少子化に大きく影響している。

「世間並みの生活水準」が高くなった——中流の意識だけが残る社会

多くのヨーロッパ社会は、階級区分がある社会である。アメリカでも、ヨーロッパほどではないが、階級意識があると言われている。文化人類学者中根千枝氏の最新刊でも、そのことを強調している（『タテ社会と現代日本』講談社現代新書、２０１９年）。

そこでは、中産階級と庶民階級（労働者階級）の世界との間では、服装から言葉遣いにいたるまで、日常生活様式に大きな違いがある。そうなると、中産階級の人は中産階級の生活水準を目指し、一方の庶民階級は、庶民の生活水準で十分ということになる。

日本社会は、高度成長期を経て、多くの人が自分を中流だと思う社会となった。様々な世論調査を見ると、１９８０年の時点で、自分を「中」と思う人が８割を超え、近年多少低下傾向は見られるにしろ、そのまま現在にいたっている。

つまり、「世間並み」の生活を送っていることが、当たり前と見なされる社会となっている。「世間並み」の生活を送れないことは、世間に顔向けできない、つまり、親戚、職場の仲間、学校の同窓生などから下に見られることになる社会になっている。

そして、現在の日本では、ほとんどの人が中流と思っていることから分かるように、「世間並みの生活水準」は高くなった社会といえる。

家電製品を揃えることはもとより、（必要であれば）車を持つ、（ある程度の年齢までには）マンションや一戸建てを持つ、子どもを塾やお稽古事に行かせる、子どもを大学に行かせられる、このようなことが求められる。
お金がなくて、このようなことができない事態、**つまり、中流生活から転落する事態を避けようとする。**

日本では、次の節で述べるように、「子どもにつらい思いをさせたくない」という意識がとても強い。親にとってつらいのは、他の人が子どもに提供しているのに、お金がないから提供できないという事態である。

子どもに「世間並みの生活」を提供できないということは、親としての自信がゆらぐ。そして、将来、子どもから「〜してくれなかった」と思われるのだけは避けたいと思う。

それゆえ、子ども数を絞るだけでなく、そもそもそのような環境を提供できないような結婚をしないのである。

（3）強い子育てプレッシャー――子どもにつらい思いをさせたくない

虐待の増加と、子育てプレッシャー

最後に、日本における子育てプレッシャーを述べておこう。

家族を研究している中国からの留学生から、「日本の親は子どもに対する愛情が薄いのか？」と質問を受けた。マスメディアでは、親による児童虐待で子どもが死んだというニュースばかりが流れているではないかという。

たしかに、児童虐待は、結婚、出産とは逆に、平成に入ってから、1990年代を通じて増え始め、2018年には通報件数は約16万件まで達している。この増え方は、生涯未婚率上昇のカーブに似ている。

私は、児童虐待の増加は、子育てプレッシャーの裏返しの現象ではないかと判断している。

「世間並みに子どもを育てられないなら、いらない」とあきらめて切り捨ててしまうのも一因ではないかと考える。

重大な虐待事件を起こす親の多くは、非正規雇用者などで経済的に困窮しているなど、子どもに世間並みの環境を提供できない状態にある（だからといって犯罪を起こすことが許されるというわけではないが）。

多くの人は、「世間並みに子どもを育てられない状況に陥るようなリスクを避けるために、結婚や子どもをあきらめる」。それが少子化をもたらす最大の要因だと私は判断している。これは、単に世間体という外在的な圧力だけではなく、子どもへの愛情に基づくので、なかなか変えることは難しい。

子どもにお金をかけることが、親の愛情であり、務めという意識

もちろん欧米でも、子どもに対する愛情は強く存在している。しかし、第3章3節の①の「パラサイト・シングル」のところでも述べたように、欧米では子どもの養育は成人するまでであり、それ以降は子どもは経済的に親から自立するべき、という考え方が強い。そして

また、欧米では、子どもとのコミュニケーションをとることが、子どもへの愛情表現という考え方が強いのはすでに述べた（だから、日本や韓国で一般的な単身赴任はめったにないし、離婚した親の面接交渉権が強く主張される）。

日本社会では、何よりも、「子どもにつらい思いをさせたくない」という親の感情が先に立っている。子どもがつらい思いをしているのを見るのは、親としてたいへん悲しい。それならば、つらい思いをしないように、先に配慮する必要がある。

そのためには、ある程度の経済力の見通しが必要となる。つまり、日本社会では、他の子どもが買ってもらえているのに、自分の子には買ってあげられないとか、他の子どもには個室があるが、自分の子どもには個室を与える余裕がないとか、他の子どもが習い事をしているのに、自分の子どもには無理だというのは、親としてつらいのである。それを避けようとすれば、子どもを持たないか、子どもの数を絞るしかない。

また、日本ではいじめが多く、いじめ自殺はよくニュースになる。もちろん、いじめられる原因は様々だが、他の人が持っているものを持てないというのも、１つの理由として存在している。とすると、子どもがいじめられるリスクを避けるために、子どもに十分なお金をかけなければならず、そのために子どもの数を絞るということもあるだろう。

また、前にも紹介したが、ある父親にインタビューしたときには、「子どもに個室を用意したいから、2人は持てない」と答えたケースがあった。自分は兄と一緒の部屋でつらい思いをした。だから、自分の子どもにはそんな思いをさせられない。自分の収入だと子ども部屋は1つがせいいっぱいだから、2人は無理、というロジックである。

欧米のように、子どもが小さいうちに、愛情をかければそれでよし、成人後の生活は子どもの自己責任ということであれば、子育てにあたっての経済力は、それほど考える必要はないかもしれない。しかし、日本では、「子どもにつらい思いをさせたくない」という意識が強く、それが成人後も続くため、経済力を考えざるを得ないのだ。

つまり、親の愛情と、世間体意識、そして、リスク回避意識の三者が結合して、少子化がもたらされていると考えられる。

その状況に対して、欧米型の少子化対策、つまり、女性が働きに出られればよい、とにかく子どもが最低限の生活を送れればよい、という形での支援は「無効」なのである。

これが本章の、いや、本書の結論である。

そして、このロジックは、多くの東アジア諸国の少子化にもあてはまる。これらの国々、地域では、子どもに人並みのお金をかけることが親の愛情であり、務めであるという意識が、日本と同じように強いからである。

女性の期待値と、男性の現実——すれ違う多数派

この章の最後に、付録として、次の２つの調査の結果を紹介しておこう。

１つは、明治安田生活福祉研究所の２０１０年の調査（**資料22**、**資料23**）、もう１つは、２０１９年の朝日新聞世論調査部の調査（**資料24**）で、両方とも私が関わったものである。というよりも、私がこの質問を入れるように提案したものである。

未婚者に、どのくらいの収入の人と結婚したいかを聞いている。男女で大きな差があり、男性はこだわらないと回答する人が大多数だが、女性でこだわらないと回答したのは、両調査とも約２割である。

そして、女性側の相手の収入への期待値は高い。しかし、現実の未婚男性の収入は、大多数の女性の期待値には及ばない。

つまり、世間体を保つ生活をするためには、相手の男性の収入が相当ないと無理と考える

資料22　結婚相手に望む年収

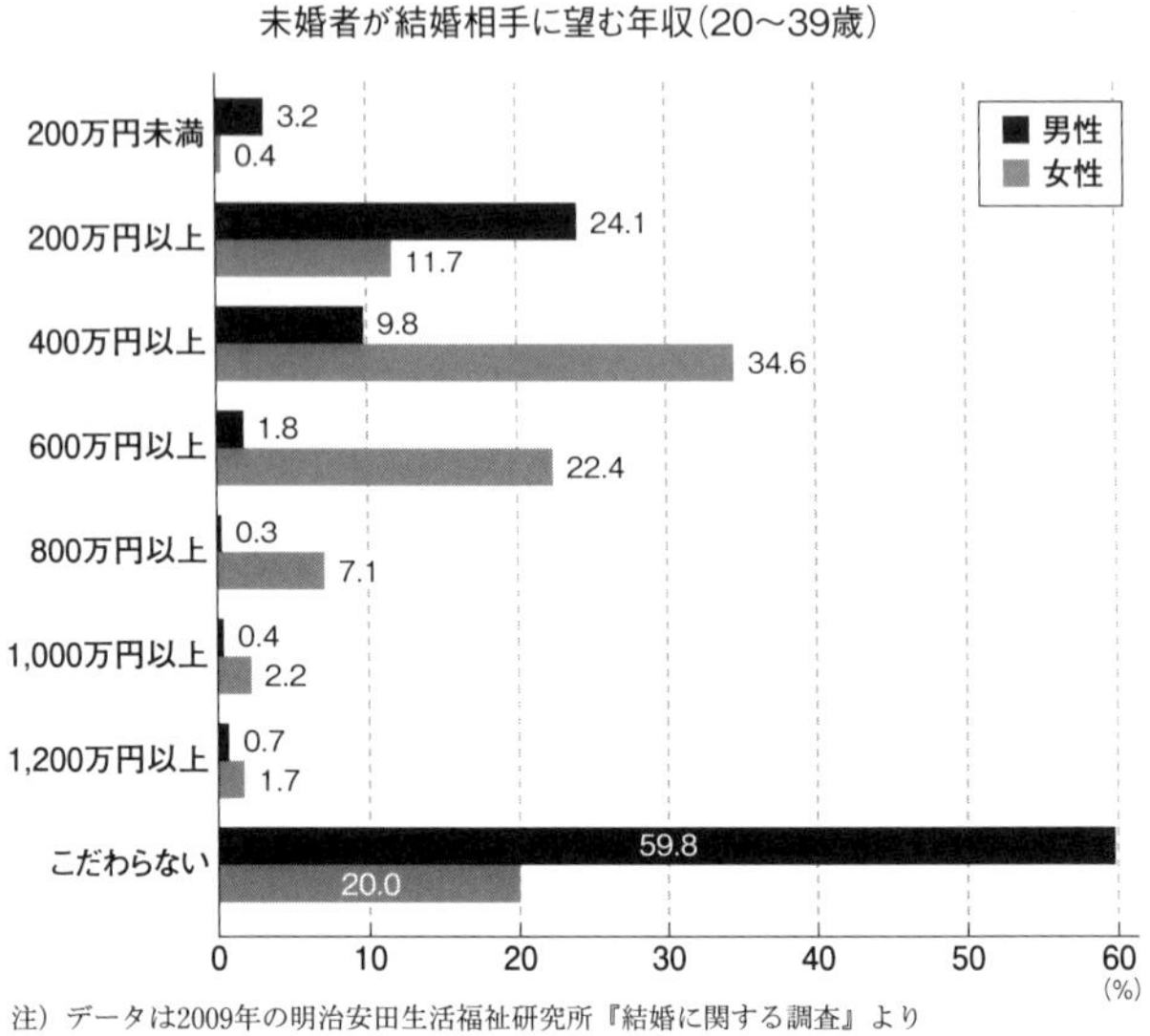

注）データは2009年の明治安田生活福祉研究所『結婚に関する調査』より

出典：明治安田生活福祉研究所『生活福祉研究 74号』(2010)

資料23　現実の未婚男性の年収

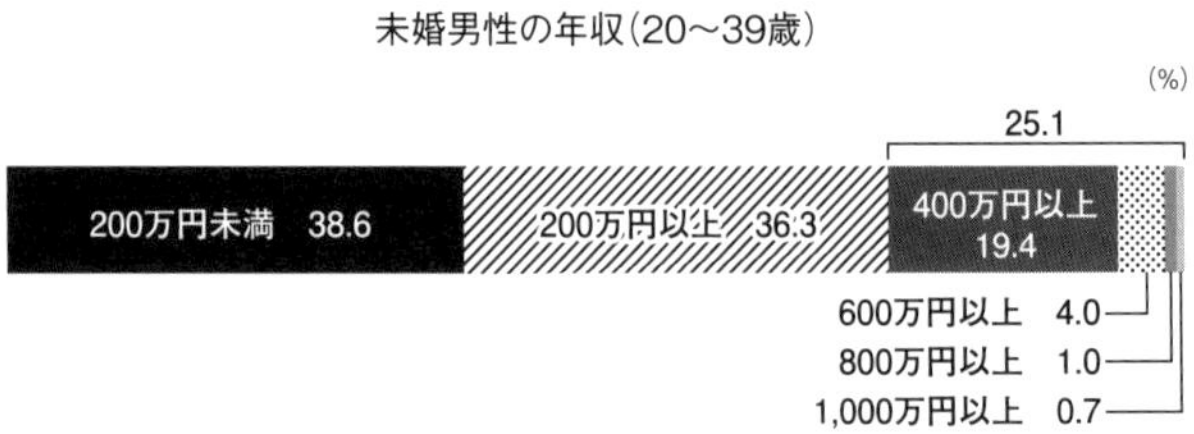

注）データは2009年の明治安田生活福祉研究所『結婚に関する調査』より

出典：明治安田生活福祉研究所『生活福祉研究 74号』(2010)

資料24　結婚相手に求める収入

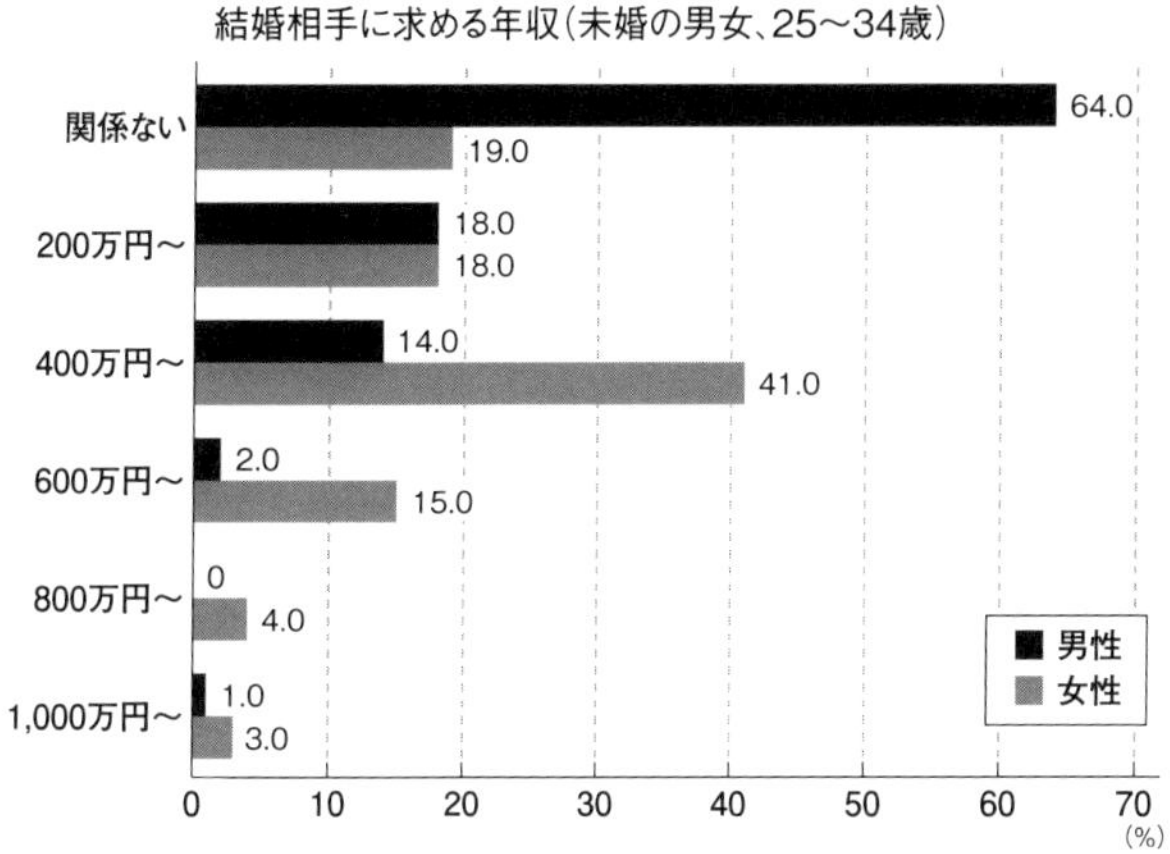

出典：『朝日新聞』2019年1月13日朝刊、朝日新聞世論調査部調査（2018）

女性が多いということである。

これも、他の本にすでに書いたことだが、この結果をイギリスで発表したとき、大学の男性教授から、「こんな失礼な（rude）質問をしたのか」と言われたことがある。結婚は愛情ですべきであって、相手の収入にこだわるのはいけない、とイギリス女性なら答えるであろうと。

逆に、中国で発表したときは、中国の女性は男性の収入だけでなく、男性の親の資産を聞くという話を聞いた。結婚するときに、男性の親が住宅を用意するのが、中国の中流家庭の習慣だからだそうだ。

そもそも少子化が起きていないイギリスのように、相手の収入にこだわらないという女性が日本でも増えれば、少子化は解消されるのかもしれないが、２０１０年と２０１９年の数字がほとんど変わっていないのを見ても、男性にある程度以上の収入を求める女性が多数派である状況はなかなか変わらないのではと思う。

第5章　日本で、有効な少子化対策はできるのか

（1）日本の少子化の根底にあるもの

若者の「中流転落不安」が少子化を生み出す

結論は簡単で、前章で述べたように、日本人は、「生涯にわたる生活設計」において、「世間並みの生活水準が期待できない」リスクが少しでもある結婚、出産を避けようとする。その背景には、「子どもにつらい思いをさせてはいけない」という、子どもの育ちへの強いこだわりがある。

そして、現在の経済状況の中で、若者の中には、一生涯、世間並みの生活水準を保てるような結婚、子育て生活を送るのが難しいと考える人が増えていて、相当数に達している。結婚や出産は、なんといっても、「生活状況を変えてしまうイベント」である。それは、生活水準を上昇させる方向に変わることもあれば、生活が苦しくなり世間並みの生活が送れない状況に陥る可能性もある。後者に陥るリスクをなるべく少なくしようとするのは、当然である。

日本では、「世間並みの生活」から転落する可能性を避けようとする意識が強い。これを「中流転落不安」と呼んでおく（拙書『底辺への競争』朝日新書、２０１７年、参照）。その「中流転落不安」が、結婚だけでなく、男女交際まで控えさせている。そして、結婚した後も、子どもを希望数以上産み育てることを妨げているのである。

つまり、少子化対策を有効にするためには、若者が中流転落不安を持たないようにする必要がある。具体的には、ほとんどの若者に、結婚して２人以上の子どもを育てても、生涯にわたって世間並みの生活水準を維持できる、という「確信」を持ってもらう必要がある。

「中流転落不安」を持たない、持てない欧米の若者の状況

今まで行なわれてきた政策では、この「若者の中流転落不安」を払拭できなかった。なぜなら、「中流転落不安」意識が日本に比べれば弱い、欧米社会の少子化対策をモデルにしてきたからということは、第３章で述べてきた通りである。

欧米で若者の中流転落不安が弱い理由はいくつかある。

①北欧やオランダ、フランスなど、社会保障制度が整っている国々では、若者に関する社会保障が充実している。失業保障、住宅保証などがあり、子育て支援も充実している。また、仕事上、女性差別は少ない。これらの国々では、結婚（同棲）し、子どもを産み育てても、ある程度の生活が維持できることが期待できる。つまり、中流転落不安を持たないのである。また、高齢者に対する社会保障も充実しているので、高齢になっても大丈夫と確信していると考えられる。

②アメリカなどの自由主義諸国では、結婚してもしなくても、子どもを持っても持たなくても、中流生活から転落するリスクは高い。成人したら自立した生活が求められる（これは、北欧などでも同じ）ので、むしろ独身でいる方が、中流から転落するリスクが高まる。同棲や結婚は、むしろ、中流生活から転落するリスクを低める。なぜなら、欧米では共働きが一般的である。すると、配偶者の一方が一時的に失業しても、もう一方が支えられるからである。そして、一方が子育てしながら、再就職を目指すことができる。

つまり、同棲や結婚は、中流転落不安を軽減する一手段なのである。

③欧米では、子育てに関しては、成人までという予測が立つ。日本のように、高等教育費用や学卒後の心配をする必要はない。また、子育てプレッシャーや世間体意識が弱いので、子どもにお金をかけられなくても、親が負い目を感じることが少ない。それは、子どもとコミュニケーションをとることが親の愛情であるという価値観が強いからでもあり、経済的に子どもにつらい思いをさせてはならないという意識が、日本に比べれば弱いからでもある。

これらの理由で、欧米では、同棲、結婚して子どもを持つことが、中流転落不安を強めることにつながらない。社会保障制度が整っている国であれば、子ども手当などが充実しているので、子どもを持つことで、逆に、生活水準が向上する場合もある。たとえば、フランスでは、第３子以上に対して、相当高額な子ども手当が支給される。

なぜ少子化対策は失敗したのか

日本の少子化対策は、「結婚」や「共働き」「子育て」「教育」など、個々のライフ・イベントごとに、ばらばらに行なわれていた。そのイベントのみを重視する欧米社会の若者であれば、個々のイベントに対する支援で、次のライフステージに移ることができる。

欧米では、相手を見つける対策は必要ないので、両立支援をすれば、子どもを育てながら働きたいと思う女性の出産意欲は高まるし、子ども手当を増やせば、子どもをもっと持とうとする意欲は高まる。将来の高等教育費の心配をして子ども数を絞ることはない。

しかし、日本では、将来を見据えた中流生活の保障がなければ「男女交際」さえも始めない若者がいるのだ。ただ結婚支援で相手と出会ったとしても、結婚後の生活の保障がなければ、なかなか結婚まで進まない。子どもの食費が足りないから産まないというよりも、子どもが個室を欲しいと言い出したとき、子どもが大学に進学したときのことを考えて、子どもの数を絞っているのだ。

だから、子どもが小さいうちの子ども手当だけあっても、子どもを多く持つという決断はしない。

つまり、若者の「将来にわたって中流生活から転落する不安」を払拭することができなければ、日本における少子化対策はなかなか効果が上がらない。そして、この中流転落不安は、現在の日本社会に特有の社会意識・慣習に由来するので、今の経済状況のままでは、少子化に歯止めはかかっても、なかなか反転させるまでには至らない。

つまり、現代の日本の少子化の根本原因は、経済格差が拡大しているにもかかわらず、大多数の日本の若者は中流意識を持ち続け、「世間並みの生活」をし続けたいと思っていることにある。ということは、若者の将来にわたる経済状況、もしくは、中流生活を期待する意識、そのどちらかを大きく変える政策をとらなければ、少子化は解消されない。

ちなみに、世論調査では、自分を「中の上」や「上」と思う割合は、年代別に見ると、18～29歳が最も高い。そして、「中の下」や「下」と答える人の割合は、年代が進むにつれて高まり、60代、70代で高くなる（**資料25**）。

それは、若者の中で収入の安定している人は結婚したり自立しており、一方、収入が低い独身の若者の多くは、親と同居しているがゆえに、中流生活を送ることができているからで

資料25　若者の中流意識

生活の程度に関する質問
「お宅の生活の程度は、世間一般からみて、どうですか。」

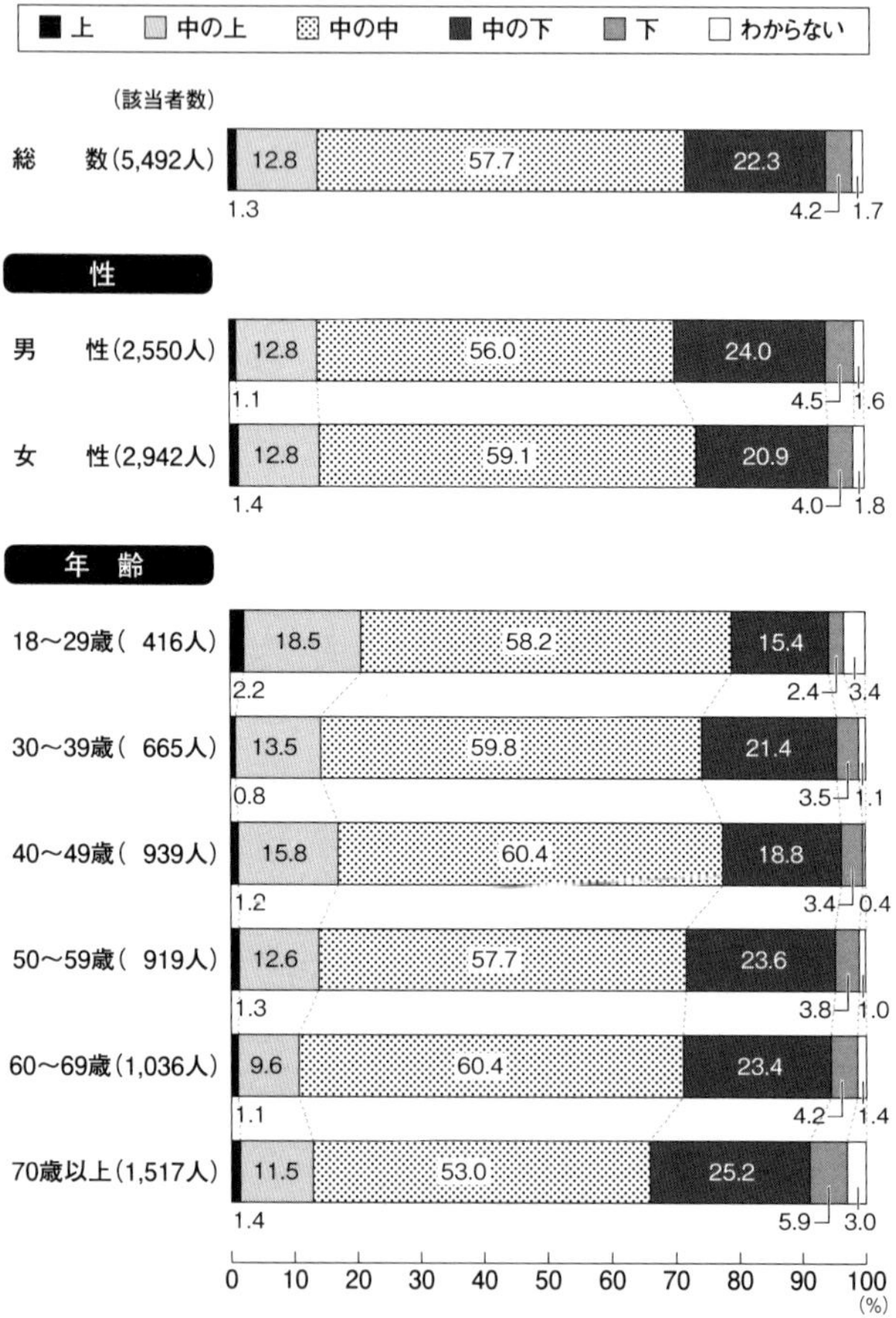

出典：内閣府『令和元年度 国民生活に関する世論調査』

ある。

つまり、若者は、現在、中流意識を持っている。しかし、中高年で「中流から転落している人たち」を目《ま》の当たりにしている。そうならないために、結婚や子どもを持つことに慎重になっているのだ。

次節では、経済状況の変動が、「中流転落不安」をもたらして、どのようにして少子化をもたらしたかを簡単に示したい。

沖縄の出生率が高い理由——子育ての期待水準が低い

ところで、また余談になるが、今まで見てきた点を考慮すると、日本の都道府県の中で、沖縄県の出生率が突出して高い理由が分かる。

よく、沖縄では親族間の助け合いの習慣が強く、女性が子育てしやすい環境にあるので、出生率が高くなると言われているが、それだけではなさそうである。

沖縄県は、大学進学率、平均所得ともに、日本の中で最低レベルにある。中流階級の層が

資料26　出生率の高い都道府県、低い都道府県

合計特殊出生率（2018年）　　全国　1.42％

1位	沖縄	1.89%	47位	東京	1.20%
2位	島根	1.74%	46位	北海道	1.27%
3位	宮崎	1.72%	45位	京都	1.29%
4位	鹿児島	1.70%	44位	宮城	1.30%
5位	熊本	1.69%	43位	神奈川	1.33%

出典：厚生労働省『人口動態統計』(2018) より抜粋

資料27　大学進学率の高い都道府県、低い都道府県

大学（短期大学含む）進学率（2019年）
全国　54.67％（男子51.63％　女子57.77％）

1位	京都	65.87%	47位	沖縄	40.19%
2位	東京	65.13%	46位	山口	43.06%
3位	兵庫	60.90%	45位	鹿児島	43.28%
4位	神奈川	60.70%	44位	鳥取	43.31%
5位	広島	60.64%	43位	岩手	43.70%

出典：文部科学省『令和元年度 学校基本調査』より抜粋

資料28　離婚率の高い都道府県、低い都道府県

人口1000人対離婚率　　全国　1.68％

1位	沖縄	2.53%	47位	新潟	1.26%
2位	福岡	1.91%	46位	秋田	1.27%
3位	北海道	1.90%	45位	富山	1.28%
4位	大阪	1.89%	44位	石川	1.30%
4位	宮崎	1.89%	43位	島根	1.34%

出典：厚生労働省『人口動態統計』(2018) より抜粋

薄く、非正規社員率が高い。また、離婚率も突出して高く、母子家庭や再婚も多い。

沖縄は、本土で工業化が進んだ高度成長期に、アメリカの占領下にあったため、終身雇用・年功序列で収入が安定・増加したサラリーマン男性（と専業主婦の家族）が一般化しなかった。

その結果、そもそも維持すべき「世間並みの生活水準」、特に子育て期待水準が高くならなかった。大学進学率（短大含む）は、増えているとはいえ40・１９％（２０１９年文科省調べ、全国平均54・６７％、第１位の京都は65・８７％）である。

そして、大学の入学定員や大卒者の就職先が少ないので、県外の大学に進学し、大学卒業後も県外で就職する若者が多い。地元に残る若者の中では、大学に進学しない者が多数派で、子どもの進学費用を準備しなくてもかまわないと考える若者が多くなる。

さらに、できちゃった結婚、離婚、ひとり親世帯が多く、その結果、周りの人の子育て水準も高くない。それゆえ、子ども数が維持されるのである。

つまり、子どもを産んで、経済的に不安定な中で育てることが珍しいことではなく、女性から見て、非正規雇用者など低収入の男性と結婚することや、離婚して親族に頼ることが、恥であるという意識が弱い地域だからだと考えられる。

資料29　できちゃった結婚率の高い都道府県、低い都道府県

結婚期間が妊娠期間より短い出生の第一子に占める割合

1位	沖縄	42.4%	47位	東京	19.5%
2位	佐賀	37.5%	47位	神奈川	19.5%
3位	福島	36.7%	45位	京都	21.6%
4位	青森	36.2%	44位	滋賀	21.7%
5位	熊本	36.0%	43位	愛知	21.8%

出典：平成22年厚生労働省『人口動態統計特殊報告』より抜粋

資料30　非正規雇用の既婚者が多い沖縄県

既婚者（夫婦ともに20～59歳）の夫の職業の比率

	正規雇用	非正規雇用	自営業	会社役員	その他
全国平均	82.9%	1.6%	10.2%	3.4%	1.9%
沖縄	72.8%	3.9%	17.8%	1.5%	4.0%

出典：総務省統計局『全国消費実態調査（2009年）』を基に著者が再集計

私がデータ分析した県別の夫婦の雇用形態の中で、非正規雇用者の男性で結婚している人の割合が突出して高いのが、沖縄県である。このことからも、これらの考察は裏付けられる。だからといって、沖縄の子育て中の夫婦は幸せでないと言っているわけではない。むしろ、「子育てプレッシャー」「世間体プレッシャー」がない分、欧米のように楽しく子育てができているという側面もあるかもしれない。

（２）日本の少子化進展の見取り図

経済発展と出生率の安定

戦後から現代までの少子化進展の見取り図を、「中流転落不安」の視点から、簡単に示しておこう（このロジックは、１９９６年に著した『結婚の社会学』や、２００７年の『少子社会日本』で述べたことと変わっていない。詳しくは拙書を参照いただきたい）。

経済の高度成長期（1955年〜）から1980年代までは、ほとんどの若者が、中流転落不安を持っていなかった。というよりも、中流になれるという期待を持っていた。つまり、結婚して子どもを2、3人育てても、将来にわたって世間並み「以上」の生活ができると考えることができた。それゆえに、出生率は極めて安定していた。

経済発展は、世代内の生活水準上昇だけでなく、世代間の生活水準上昇をもたらした。世代内の上昇とは、自分の生活が日々豊かになっていくということである。世代間の上昇とは、親世代よりも、子世代の方がよい生活を送るという状況である。

当時の若者は、親以上の生活を送ることができるという見通し、それはつまり、自分が育った以上の経済環境を子どもに与えることができるという見通し、を持つことが容易だった。容易というよりも、当たり前のこととして受け止められていた。

高度成長期以前は、ほとんどの家族は農家など自営業だったし、戦前の多くの農家は、ぎりぎりの生活が可能な小作農だったのだ。親がそれほど豊かではない中で育ったので、将来は親よりも豊かな生活を送れることは間違いなかった。

その前提として、男性の稼ぎ手の収入が安定していたことが一番大きい。産業が発展して、労働力需要が旺盛で、若い男性は、被雇用者なら、正社員（公務員も含む）に簡単になることができた。会社の正社員であれば、終身雇用が保障された。

また、農家などの伝統的自営業も、政府の規制などによって保護されていたので、自営業従事者も、将来にわたって安定した収入を得ることが期待できた。

さらに、労働力需要が強いため、何らかの形で失業しても、男性であれば正社員での再就職が容易であった。

だから女性は、結婚すれば、将来にわたって豊かな生活を送り、何よりも、自分の子どもを自分が育った以上の環境で育てることができるという確実な期待を持てたのである。

そして、この時に、「全ての人が豊かな中流生活を送れる」という期待が形成された。自分を「中」と思う人の割合は増大し続けた。今はそれほど豊かではなくても、結婚して子どもを育てているうちに、豊かな生活が形成できると考えたからである。

さらに、自分の子どもは自分以上の教育を受け、結婚して豊かな生活を送ることができる、という期待も持つことができた。

つまり、「子どもにつらい思いをさせる」どころか、「自分が子どもだった頃にくらべて子どもに十分な環境を用意することができる」と思いながら、子育てができたのである。

バブル時代に始まった未婚率の上昇、出生率の低下

高度成長期は、1973年のいわゆる「オイルショック」で終わる。ただ、1979年の第二次オイルショックを乗り越えた1980年代後半のバブル時代は、未婚率が上昇し、出生率の低下が徐々に始まった。

その原因は、「中流転落不安」というよりも、中流生活が日本に行き渡り、「結婚後に、結婚前よりも豊かな生活を送る見通しが徐々に立たなくなってくる」ことにあった。

この時期に起こったことは、結婚前にすでに豊かな生活を送っている若者の増大である。日本は欧米と違い、理由がなければ、学卒後も親元にとどまる未婚者が大多数である。高度成長期には、きょうだい数が多く、親も豊かではなかった。しかし、1980年頃から、戦後サラリーマンで中流生活を作り上げた親のもとで育った、つまり、中流生活を当たり前と思う若者が成長してくる。

彼らは、親と同居していれば、豊かな生活水準を享受できる。彼らを私は「パラサイト・シングル」と名付けたのである（山田昌弘『日本経済新聞』1997年2月8日夕刊）。

かつ、当時は、男性のほとんどは正規雇用であったものの、低成長により、将来、収入が大きく増えることは期待できなくなった。さらに、経済の規制緩和が始まり、零細自営業などへの政府の保護が徐々になくなっていく。

そのため、結婚後に生活水準が下がってしまう経験を避けるために、結婚を遅らせようとする傾向が高まり、緩やかな未婚化が始まったのである。

この時期は、中流転落不安というよりも、中流以上のより豊かな生活を目指して、結婚、出産を先延ばしにする側面が強かったと判断している。

格差社会の進展と「中流転落不安」

しかし、平成に入りすぐ、バブルが崩壊した。それ以降、若者の中での中流転落不安が徐々に強まることになる。その背景には、失われた25年ともいえる、バブル崩壊後の日本の経済停滞、そして、「格差社会」の進展がある（これについて詳細は、拙書『希望格差社会』を参照いただきたい）。

1985年以降、経済成長が多少持ち直したものの、バブル経済の崩壊（1992年ごろ）により、日本経済は停滞期に入る。そして、１９９７年にアジア金融危機が起き、２００８年にリーマンショックと続く。多少の景気変動はあったにしても、経済成長率は、ほぼゼロに近い水準で推移する。その中で、高齢化が進み、生産年齢人口の減少が続く。

　この時期に家族に起こったことを総括すると、「中流生活を形成する見通し」がつかない若者が増大したことである。しかし、親同居の慣習のおかげで、現実には、中流生活を享受できている若者が多数派である。先ほどの**資料25**で見たように、自分を「中」以上と思う若者は、他の世代に比べ圧倒的に多い。

　１９９０年代から、日本の経済は大きな構造転換の時期を迎えた。グローバル化やサービス産業化、ＩＴ化などが進み、「グローバルに働く生産性の高い労働者」が増える一方で、「生産性の上がらない単純労働者、サービス労働者」の需要が増え、労働環境の二極化が進行する。それに伴って、様々な経済規制緩和が進み、派遣社員などの非正規社員が増大し、零細自営業に対する保護が弱まっていく。

　しかし、終身雇用、年功序列の労働慣行は変わらなかったので、増える非正規労働の需要は、若者に押し付けられることになる。また、低収入の正社員も増える。

　ここで、２つのギャップが生じる。

１つめは、若者の親世代と、若者との格差である。若者の親世代（１９６０年以前生まれ）のほとんどは、住宅などの資産を作り、男性は終身雇用に守られ、年功序列賃金のおかげで比較的給料は高く、年金も今のところ十分である。

一方、若者世代（１９７０年代以降生まれ）は、新卒の正社員採用が抑制され、年功序列賃金による収入増大のカーブも緩くなっている。

つまり、平均的に見て、１９９０年代以降は、若者の親の経済状況はよく、若者は、将来直面するであろう経済状況が悪化しているのである。

そして２つめのギャップとして、新たに、若者同士の格差が生じている。その最たるものが、正規雇用、非正規雇用格差である。

正社員（正規公務員を含む）であれば、雇用は保障されたうえ、社会保障でも優遇される（片働きであれば、社会保険料免除などがあり、共働きであれば育児休業がある）。

一方、非正規社員であれば、収入は相対的に低く、雇用は保障されず、社会保障での優遇措置は少ない。また、自営業でも、零細自営業の事業継続が難しくなる。つまり、親世代では保護されていたのが、その跡継ぎ世代になると、保護がなくなるのである。

この２つの格差が、今の若者の中流転落不安を作り出し、少子化をもたらしている。

資料31　若者の親との関係から見た状況、4パターン

	親の生活水準	若者が将来、中流以上の生活を送る見通し
タイプ①	中流以上	あり
タイプ②	中流以上	なし
タイプ③	苦しい	あり
タイプ④	苦しい	なし

結婚、出産を避ける層とは、誰なのか

ずばり、結婚や出産を手控える若者、つまり、中流転落不安を持つ層は、次のような層である。

「親が比較的豊かな生活水準を保っている」のに「自分が将来築くことができる生活は、親の水準に達する見通しがない」若者たち。

なぜなら、彼らこそが「子どもにつらい思いをさせてしまう可能性」に晒《さら》されているからである。

若者の親との関係から見た状況を、上の図のような4タイプに分けてみる。

タイプ①　親の生活が豊かであり、自分も将来にわたって、結婚して子どもを持っても親以上の生活水準

が保てる見通しがある若者は、「子どもにつらい思いをさせるリスクが少ない」と考えるので、結婚し、子どもを２、３人産み育てるだろう。

基本的には、安定した企業の正社員や公務員、専門職などで、収入が終身安定していると思われる男性、そして、彼らと結婚した女性である（女性が正規雇用であれば、なおのこと不安は少ない）。もちろん、男女が逆のパターンもあるが、数は少ない。

ただ、このタイプの若者は、１９９０年代以降、徐々に減少している。それは、若者の正社員率の減少、そして、１９９７年のアジア金融危機、２００８年のリーマンショックというように、大手企業でさえも倒産する可能性があるという不安意識が高まったのも一因である。それゆえ、女性は、より安定した職業の男性を配偶者に求めるようになるのだ。

そして、この傾向は、近年、強まっていることはあっても、弱まっていないのは、第４章末で述べた通りである。

タイプ②　親の生活水準が高いが、将来、親以上の生活水準に達する見込みがない若者は、結婚や出産を控えようとする。親と同居している非正規雇用や収入が不安定な未婚者、１人暮らしでもぎりぎりで生活している人たちも含む。

既婚者であれば、配偶者がいても、将来の収入面で不安があり、子どもを十分な（つまり、自分が育った以上の）経済環境で育てることが難しい人たちで、彼らはつまり、「子どもにつらい思いをさせる」リスクを避けようと、子どもの数を理想より少なくするのである。男性であれば、自分の収入では、結婚したり、子どもをもうけたとたん、親以下の生活水準になるのは目に見えているから、結婚や子どもを育てることを控える。女性であれば、収入の安定した男性が見つからないゆえに、結婚できない。**若者の中で、彼らが占める割合が増大していることが、マクロ的にいえば、少子化の原因である。**

タイプ③　親の生活はあまり豊かでないが、自分の将来の生活は中流になれる期待があるというタイプは、高度成長期に一般的だった。だから、高度成長期には、結婚は早く、そして、出産意欲も旺盛だったのである。このタイプに属する若者は、日本社会が中流化する1980年頃には、ほとんどいなくなってしまう。

タイプ④　親の生活が豊かでない若者は、そもそも結婚生活や子育てに高い水準は求めない。親と同居するメリットがないので、同棲、結婚のハードルは低い。それゆえ、将来中流生活になる見通しが持てなくても、子どもは生まれてくる。自分が育ってきた生活水準が低いので、「子どもにつらい思いをさせる」という意識を持たなくてすむからである。

本章第1節の余談の中で触れたように、これが沖縄の若者によく見られる状況だと思われる。

ただ、日本社会全体で見ると、今現在（2020年）の若者の50代、60代の親、つまり、1950〜70年生まれの親世代の生活状況は、それほど悪くない。つまり、男性会社員の終身雇用、年功序列が比較的守られた最後の世代にあたる。だから、タイプ④の若者は、今はそれほど多くない。

しかし、これから格差社会が進展して、あまり豊かでない50代、60代の親が増えてくると、この層の若者が増えてくる可能性がある。ただ、収入が不安定な男性は未婚者が多く、子どもをもうけていないので、やはりこの層はそれほど多くは増えないと予測できる。

（3）有効な少子化対策とは？

少子化対策は行なうべきなのか

「親が比較的豊かな生活水準を保っている」のに、「自分が将来築ける生活は親の水準にも達しない」と考えている若者たち、つまり、前節で見たタイプ②の若者たちの増大が、少子化をもたらしている。

もし、出生率を上げる対策をとりたいならば、この層に働きかけることが、日本の少子化対策の中心であるべきである。

ただ、これには、別の立場からの2種類の反論があり得る。

つまり、出生率を上げる政策を「すべきでない」という反論、もう1つは、少子化対策を「する必要がない」という反論である。

まず、少子化対策を「すべきでない」という意見の理由を見てみよう。

一方には、結婚、出産は個人的なものだから、国家は介入すべきでないという「反国家主義」的イデオロギーに基づく考え方からくるものがある。

もう1つは、個人のために国がお金をかけるべきでない、出産を奨励するためにお金を使うくらいなら、移民を積極的に導入すべきだという意見である。

政治的には対極に位置するように見える立場の人が、同じ結論に達しているのは興味深いが。

ただ、現実に「結婚したい、子どもを産み育てたい」という若者は圧倒的に多い。彼らの希望をかなえることが、同時に、持続可能な社会を作るものであるなら、それを政府や社会が後押しすることが必要だと私は考える。

たとえば、私は、全国地域結婚支援センターの理事として、婚活支援活動も行なっているが、その中で、「婚活という言葉がなければ結婚できなかった」「公的な結婚支援サービス業のおかげで結婚できた」という生の声を聞くたびに、公的な結婚、出産支援は必要であるとの思いを強くしている。

また、もちろん、結婚したくてもできない、子どもを持ちたくても持てないというのは、

「自己責任」だから、支援「する必要はない」というリバタリアン（新自由主義）的な考え方もあるが、私はその立場をとらない。社会の中で、「親密な相手を得る、子どもを持つ」という、人間にとって基本的と思える欲求を満たすことが困難になっている人に、社会的支援を行なうのは、仕事がない人に就職支援をするのと同じく、必要なことだと考えている。

望ましくないシナリオ

もう1つ、望ましくないシナリオがある。「このまま放置すれば、出生率は回復する」というものである。それは、先の**資料30**におけるタイプ④の若者、つまり、親の生活が豊かでないがゆえに、自分も豊かでない結婚、子育て生活でもかまわないという層が増えるというシナリオである。

つまり、格差社会が進展し、格差が若者だけでなく、中高年に及ぶようになると、橋本健二・早稲田大学教授が言うような「新階級社会」、つまり、豊かな親から生まれた若者は、豊かな生活が期待できるために結婚し子どもを持つ、そして、豊かでない親の子は、豊かな生活を築けないけれども、結婚生活や子育てに期待する水準が低いので、結婚、もしくは同棲し、子どもを持つ。社会が分断され、中流の人は中流の人と結婚し、下層の人は下層同士で結婚する。日本社会全体が、図で言うタイプ①とタイプ④の若者に分かれていく。いわば、少子化が起きていないアメリカ的状況が生まれる可能性がある。

つまり、現在は、親世代が中流だが、子ども世代が階級分解している最中であるがために、少子化が起きているが、階級社会が完成すれば、少子化は解消するというロジックである。将来の日本が、このように分断した社会にならないように、少子化対策を進めるべきというのが、私の立場である。

少子化対策の２つの方策

日本での少子化対策、つまり、「親が比較的豊かな生活水準を保っている」のに「自分が将来築ける生活は親の水準にも達しない」と考えている若者たちに働きかけるには、２つの方策がある。

①結婚して子どもを２、３人育てても、親並みの生活水準（子育て水準を含む）を維持

できるという期待を持たせるようにする。

② 親並みの生活水準に達することを諦めてもらい、結婚、子育てをする方を優先するようにする。

前者は、経済状況、階層のあり方を大きく変えることである。後者は、若者の意識、というより、日本人が多く持つ、「リスク回避意識」「世間体意識」を変えることである。

私は、どちらの対策も必要だと思っているが、両方とも簡単にいくものではない。

全ての若者に、10年後、20年後、30年後、世間並みの生活を保障できるか？

若者の間で、将来の生活に関する格差が生じていることが、少子化の第一の原因であるなら、それを反転させる必要がある。つまり、**若者だれもが、育てている子どもにつらい思いをさせなくてすむような見通しをとることができる社会にすべきである。**

安倍内閣が「全世代型社会保障」と唱えている。その目指すものが、全ての世代の人に世間並みの生活を保障するという政策であるとしよう。それが少子化対策にとって有効になるのは、**今の若者が、10年後、結婚して子育てをしているとき、20年後、子どもが大学に上がるようになったとき、そして、30年後、高齢者になったときに、世間並みの生活ができるという期待を持たせなければならない。**

若者は、上の世代を見ている。10年前に非正規雇用になった若者、不安定な中で子育てをしている中年世代、そして、貧困化する高齢者を見ている。そうならないために、結婚や出産に慎重になっているのだ。

仕事においてやり直しがきいて、不利にならない職業環境、共働きがしやすい社会環境、いざとなったときには社会保障で自立に向かっての再スタートが切れる社会——それは、「子どもにつらい思いをさせなくて済む」生活水準でなければならない。

リスク回避意識、世間体重視は変わるのか？——若者に見る新しい傾向

社会制度以上に、人々の社会意識を変えるのは難しい。「リスクをとれ」「世間体など考えるな」といっても、無理なのである。

ただ、そのような方向に動く芽は出ていると思う。

私は、ある地方自治体の結婚サービスで結婚したカップルのインタビュー調査を行なった（「未婚化社会における『結婚支援活動』の実証研究」）。その時、いわゆる「オタク」同士の結婚が多いので驚いたことがある。それも、同じ趣味ではなく、たとえば男性が「アイドルファン」、女性が「ディズニーファン」といった組み合わせである。

彼らは、初対面で、お互いの趣味の話を何時間もして盛り上がったということである。地方なので、男性でも契約社員や介護などの職に就いている人が多かったが、２人の収入を合わせれば、生活費が安いので、普通に暮らせると話していた。

自分で「これがあれば幸せ」というものを持ち、お互いにそれを理解し合っていれば、人の目を気にせずに楽しい結婚生活が送れる。子どもをどちらの趣味に染めるかという楽しい競争が後で起こりそうであるが……（共著で、『オタクは日本社会を救う』といった内容の著作を計画中である）（中央大学がモデルのキャンパスを舞台にしたコミック『げんしけん』〔講談社〕でも、ゲームオタクの男性と腐女子〔ＢＬ好き女性〕がカップルになるという設定があった）。

私の知り合いのダイビング好きのカップルが、結婚して、お互い正社員の職を辞めてまで、離島に移住するという決断をしたケースもある。また、過疎地支援活動の中で、子育てしやすいからと離島に引っ越してきたひとり親女性にお話をうかがったこともある。過疎も行き着くところまでいくと、地域の人々も、世間体など言っていられない、ひとり親でも大歓迎ということかもしれない。

このように世間体を気にせず、家族を形成して、自分たちなりの幸せを追求しようとする若者も現れてきている。こうした若者たちが生きやすくなるよう、国や自治体が、彼らに対する生活の支援策を行なうことも、必要と考えている。

このような若者が増えて、一定の割合になれば、世間体も変化し、少子化が反転していく可能性もある。

このような２つの対策が今後、とられていくことを望んでいる。

あとがき　「新型コロナウイルス後」の家族

新型コロナウイルスの広がりで、緊急事態宣言が出ている中、あとがきを書いています。

４月半ばの時点で、この事態がどこまで深刻化し、社会にどのような影響を与えるか、まだ定かではありませんが、家族社会学者として、いくつかコメントを求められたものもあります（『朝日新聞』２０２０年４月14日夕刊など）。

東日本大震災の時は、その直後、婚約指輪が売れたとか、結婚情報サービス業への登録者が増えたとの報道がありました。独身でいることのリスクが身にしみて分かったから、結婚相手を早く確保したいという思いからと解釈されました。

逆に、いざとなったとき、ちっとも自分のことを心配してくれなかったということで、離婚が増えるのではないかという意見も、マスメディアで語られました。

現実はどうなったのでしょうか。

結婚数は、２０１０年は70万２１４組だったのが、２０１１年は66万１８９５組と、むしろ減っています。離婚数も、２０１０年は25万１３７８組でしたが、２０１１年は23万５７１９組と、こちらも減っています（結婚は、２０１２年は66万８８６９組と多少増えましたが、２０１１年に大きく減った反動だと思われます）。

結婚したいと思っても、すぐにできるものではない（婚約指輪はすぐに買えるし、結婚サービス業にも登録はすぐにできますが）し、相手が頼りないと思ったからといって、直ちに離婚できるものでもないでしょう。そもそも日本では、相手がいれば結婚したいと思っている独身者が多数派ですし、経済的にやっていければ離婚したいと思っている家庭内離婚状態の夫婦の数も多いので、震災がその傾向を促進したとしても、数字的にはそれほど影響がなかったと結論づけることができます。

では、今回のコロナ問題の場合はどうなるのでしょう。

こちらも、短期的には様々な影響があると言われています。一人でいることの不安から、結婚情報サービス業への登録が増えているという業者もあります。一方、３月上旬に、ある公的な結婚支援サービス団体にヒアリングしたところ、お見合いパーティは全て中止、一対一のお見合いも、相手を探してメール等で連絡はできるが、リアルに会うことは禁止しているということでした。結婚披露宴の中止が相次いでいるという報道もありました。濃密な接触を控えるという感染対策の趣旨を守ると、出会って恋愛関係になる若者が減る以上、今年から来年にかけての結婚数は少なくなる気がします。

また、欧米では、外出禁止で夫婦が家に居るために、ストレスがたまり、ＤＶ（ドメスティック・バイオレンス）が増えているという報道もあります。日本でも、「コロナ離婚」という言葉も生まれています（前述の『朝日新聞』参照）。

日本でどの程度の影響があるかは分かりませんが、夫婦が長い時間一緒に居ることによって、かえって、夫婦の価値観の不一致が明らかになるという影響が出てくる可能性はあります。日本では、そもそも別行動パターンの夫婦が多く、本書の最終章の最後に書いたように、夫婦共通の趣味を持つ、お互いの趣味を尊重する夫婦が増えてはいますが、コミュニケーションが密という夫婦は少ないのです。

さらに、結婚していても、男性は、キャバクラなどで愚痴をこぼしたり、女性は、友人や母親に愚痴をこぼして、夫婦関係を維持しているという傾向も見られます。家族外の親しい人との接触がなくなると、夫婦の愚痴をこぼす機会がなくなり、ストレスがたまっていくケースも増えていくでしょう。

また、妊娠しているけれど、感染は大丈夫かなどの問い合わせが多いそうです。コロナの影響が収まるまでは、妊娠を控えるという夫婦が増える可能性があります。ただ、この影響が分かるのは、10カ月後以降ですが。

一方で、家にいつもいて性的関係をもつ夫婦が増えるから、妊娠が増えるという意見もあります。２０２１年の１月、２月の出生数が増えるのか、減るのか、注目していきたいと思います。

それ以上に、結婚、出産に与える長期的な影響が心配です。

本書にも書いたとおり、生涯にわたる「リスクを避ける」という観点からは、この新型コロナウイルスは様々な将来不安を浮き彫りにしました。公務員や大企業に勤務している人は、テレワークになっても収入が減ることは少ないでしょう。一方、非正規雇用者やフリーランス、自営業の人の中には、収入の将来の見通しがつかなくなっている人が増えています。

たとえ、この混乱が短期間で終わっても（私はそれを切に望んでいますが）、やはり、公務員や大企業勤務者と結婚する方が安心といった未婚女性が増えるのではないかと思います。そうすると、ますます、結婚生活を始めようという人が少なくなってしまいます。せめて、この混乱から学んで、どんな家族形態であっても、どんな仕事に就いていても、将来にわたって、人並みの生活が保障されるという社会になることを願っています。

本書の成立にあたって様々な方にお世話になりました。編集を担当していただいた草薙さんには、大変な時期に膨大な作業を行なっていただき、本当に感謝しています。また、厚生労働省（旧厚生省）、内閣府（旧経済企画庁）、文部科学省（旧文部省）、東京都などの職員の方々には、審議会や研究会などで発言の機会を与えていただき、実態調査のメンバーに加えていただいただけでなく、様々な資料を提供いただきました。本文中で批判申し上げましたが、日本社会を住みやすい社会にしていこうというご努力には頭が下がります。紙面を借りて感謝申し上げます。

２０２０年４月17日（長野県にて）

山田昌弘

【主要参考文献】

赤川学『子どもが減って何が悪いか！』ちくま新書、２００４年

赤川学『これが答えだ！　少子化問題』ちくま新書、２０１７年

石井まこと、宮本みち子、阿部誠編『地方に生きる若者たち――インタビューからみえてくる仕事・結婚・暮らしの未来』旬報社、２０１７年

井上章一『京都ぎらい』朝日新書、２０１５年

ウルリヒ・ベック著、東廉・伊藤美登里訳『危険社会――新しい近代への道』法政大学出版局、１９９８年

ＮＨＫ放送文化研究所『ＮＨＫ中学生・高校生の生活と意識調査２０１２』ＮＨＫ出版、２０１３年

木尾士目『げんしけん』講談社、２００２〜２００６年

吉川徹『日本の分断――切り離される非大卒若者《レッグス》たち』光文社新書、２０１８年

経済企画庁『平成４年版　国民生活白書　少子社会の到来、その影響と対応』１９９２年

厚生労働省『平成30年人口動態統計』２０１８年

国立社会保障・人口問題研究所『第15回出生動向基本調査』２０１５年

小山静子・小玉亮子共編『子どもと教育――近代家族というアリーナ』日本経済評論社、２０１８年

齋藤直子『結婚差別の社会学』勁草書房、２０１７年

内閣府『男女共同参画社会に関する世論調査』２０１６年、２０１９年

内閣府経済社会総合研究所『日本・スウェーデン家庭生活調査　研究会報告書№11』２００４年

内閣府政策統括官『平成22年度結婚・家族形成に関する調査　報告書』２０１１年３月

内閣府政策統括官『少子化社会に関する国際意識調査　報告書』２０１３年３月

内閣府政策統括官　『平成26年度結婚・家族形成に関する意識調査　報告書』２０１５年３月

中根千枝『タテ社会と現代日本』講談社現代新書、２０１９年

中野円佳『「育休世代」のジレンマ――女性活用はなぜ失敗するのか？』光文社新書、２０１４年

永田夏来『生涯未婚時代』イースト新書、２０１７年

キャサリン・S．ニューマン著、萩原久美子・桑島薫訳『親元暮らしという戦略――アコーディオン・ファミリーの時代』岩波書店、２０１３年

福沢諭吉『新訂　福翁自伝』岩波文庫、１９７８年

明治安田生活福祉研究所『第６回結婚・出産に関する調査』２０１０年

明治安田生活福祉研究所『生活福祉研究　74号』２０１０年

山田昌弘『結婚の社会学――未婚化・晩婚化はつづくのか』丸善ライブラリー、１９９６年

山田昌弘『パラサイト・シングルの時代』ちくま新書、１９９９年

山田昌弘『希望格差社会――「負け組」の絶望感が日本を引き裂く』筑摩書房、２００４年

山田昌弘『少子社会日本――もうひとつの格差のゆくえ』岩波新書、２００７年

山田昌弘、白河桃子『「婚活」時代』ディスカヴァー携書、２００８年

山田昌弘『底辺への競争――格差放置社会ニッポンの末路』朝日新書、２０１７年

山田昌弘『結婚不要社会』朝日新書、２０１９年

山田昌弘「恋愛・結婚の衰退とバーチャル関係の興隆」『生活福祉研究　97号』明治安田生活福祉研究所、２０１９年

リクルートブライダル総研『婚活実態調査２０１９』２０１９年

山田昌弘（やまだまさひろ）

1957年東京都生まれ。東京大学文学部卒業。東京大学大学院社会学研究科博士課程単位取得退学。現在、中央大学文学部教授。専門は家族社会学。主な著書に『近代家族のゆくえ』『家族のリストラクチュアリング』（以上、新曜社）、『結婚の社会学』（丸善ライブラリー）、『パラサイト・シングルの時代』『パラサイト社会のゆくえ』（以上、ちくま新書）、『希望格差社会』（ちくま文庫）、『家族というリスク』（勁草書房）、『迷走する家族』（有斐閣）、『家族ペット』『新平等社会』（文春文庫）、『少子社会日本』（岩波新書）、『底辺への競争』『結婚不要社会』『新型格差社会』（以上、朝日新書）、『家族難民』（朝日文庫）など多数。

日本《にほん》の少子化対策《しょうしかたいさく》はなぜ失敗《しっぱい》したのか？
結婚《けっこん》・出産《しゅっさん》が回避《かいひ》される本当《ほんとう》の原因《げんいん》

2020年5月30日初版1刷発行
2023年3月25日　　3刷発行

著　者 ― 山田昌弘
発行者 ― 三宅貴久
装　幀 ― アラン・チャン
印刷所 ― 萩原印刷
製本所 ― ナショナル製本
発行所 ― 株式会社光文社
東京都文京区音羽1-16-6（〒112-8011）
https://www.kobunsha.com/
電　話 ― 編集部03(5395)8289　書籍販売部03(5395)8116
業務部03(5395)8125
メール ― sinsyo@kobunsha.com

ISBN 978-4-334-04468-8

1055

搾取される研究者たち

産学共同研究の失敗学

山田剛志

突然届いた特許の「権利放棄書」、企業からの無理難題、研究者を守らない大学、心を病む助教、院生、学生……。産学共同研究政策は、研究者のためになっているのか？

978-4-334-04465-7

1056

芸術的創造は脳のどこから産まれるか？

大黒達也

創造性とは何か？　脳科学や計算論、人工知能に関する膨大な論文を通じて、「天からの啓示」とされる閃きのメカニズムを解析。カギは「脳の潜在記憶」にあった。

978-4-334-04466-4

1057

「自分らしく生きて死ぬ」ことがなぜ、難しいのか

行き詰まる「地域包括ケアシステム」の未来

野村晋

何が「地域包括ケア」の実現を不可能にしているのか。現役厚労官僚が柏市や岡山市での実践を基に具体的な行政手法を紹介。自治体や医療・福祉関係者、企業や市民に次の一歩を促す。

978-4-334-04467-1

1058

ぼくが見つけたいじめを克服する方法

日本の空気、体質を変える

岩田健太郎

自らもいじめられっ子だったという著者が、数々の経験の末に導き出した克服法とは。ダイヤモンド・プリンセス号の告発で注目の感染症医による、同調圧力を打ち破るための一冊。

978-4-334-04474-9

1059

ホークス3軍はなぜ成功したのか？

才能を見抜き、開花させる育成力

喜瀬雅則

千賀滉大、甲斐拓也、牧原大成、石川柊太、周東佑京、大竹耕太郎――なぜホークスだけが3軍制で大成功を収めたのか？　多くの選手・関係者への取材を元に解き明かす。

978-4-334-04470-1

光文社新書

1060

管理栄養士が伝える
長生き食事術
人生100年時代の「新・栄養学」入門

麻生れいみ

「食」を変えればカラダと人生が変わる——。明日の健康を手に入れる、未来の病気のリスクを減らすための「日常生活で何をどう食べるか」。シーン別の食事マネジメント術も公開。

978-4-334-04471-8

1061

深宇宙ニュートリノの発見
宇宙の巨大なエンジンからの使者

吉田滋

南極点の氷河に突き刺さった「宇宙からの使者」とは? 日本の物理学分野の最高峰・仁科記念賞を受賞した著者による、「高エネルギーニュートリノ」の発見をめぐるスリリングな物語。

978-4-334-04472-5

1062

フェイクニュース時代を生き抜く
データ・リテラシー

マーティン・ファクラー

虚偽に流され情報の蛸壺に陥らない方法をNYタイムズ元記者が指南。V字回復した同社にメディア再興の道も探る。日本の新聞は権力を離れて調査報道に注力し、紙信仰を捨てよ!

978-4-334-04473-2

1063

業界破壊企業
第二のGAFAを狙う革新者たち

斉藤徹

アマゾン、ウーバーなどに代表される、業界秩序や商習慣にとらわれず、斬新なビジネスモデルやテクノロジーによって、業界で〝一人勝ち〟する企業を一挙紹介。【大前研一氏、推薦】

978-4-334-04475-6

1064

歴史秘話
外務省研修所
知られざる歩みと実態

片山和之

外交官・人間としての「7つの美徳」と『勘』の養い方」とは? 華やかな外交の表舞台の対極に位置し、国家の命運をも左右しかねない「黒子の存在」を、現役の所長が初めて綴る。

978-4-334-04434-3